计算机系列教材

张超 王剑云 陈宗民 叶文珺 编著

计算机应用基础实验指导（第3版）

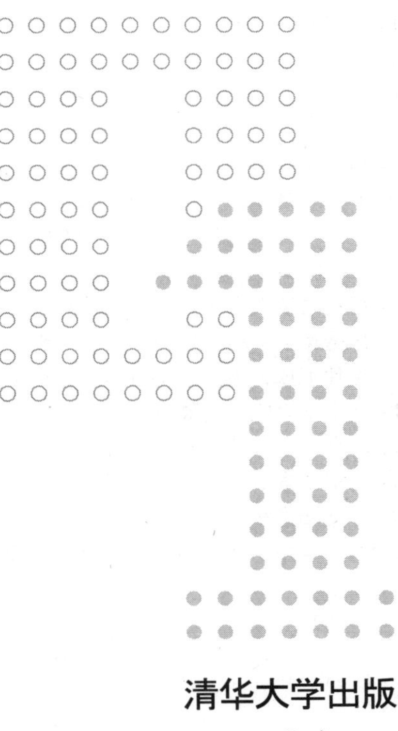

清华大学出版社
北京

内 容 简 介

本书共分为4章，主要内容包括中文版Windows 7操作系统、Office 2010办公软件的使用、网页设计和计算机网络基础配置。每章包含多个实验，而且都配有综合实验和综合练习，并且全部为上机实验。本书案例典型、内容新颖、概念准确、通俗易懂、实用性强。

本书可作为高等院校计算机应用基础课程指导教材，也可作为广大计算机爱好者的自学教材或参考用书。

本书封面贴有清华大学出版社防伪标签，无标签者不得销售。
版权所有，侵权必究。侵权举报电话：010-62782989　13701121933

图书在版编目(CIP)数据

计算机应用基础实验指导/张超等编著. —3版. —北京：清华大学出版社，2018
(计算机系列教材)
ISBN 978-7-302-49864-3

Ⅰ. ①计…　Ⅱ. ①张…　Ⅲ. ①电子计算机－高等学校－教学参考资料　Ⅳ. ①TP3

中国版本图书馆CIP数据核字(2018)第050785号

责任编辑： 黄　芝　薛　阳
封面设计： 常雪影
责任校对： 徐俊伟
责任印制： 丛怀宇

出版发行： 清华大学出版社
　网　　址： http://www.tup.com.cn，http://www.wqbook.com
　地　　址： 北京清华大学学研大厦A座　　**邮　　编：** 100084
　社 总 机： 010-62770175　　**邮　　购：** 010-62786544
　投稿与读者服务： 010-62776969，c-service@tup.tsinghua.edu.cn
　质量反馈： 010-62772015，zhiliang@tup.tsinghua.edu.cn
　课件下载： http://www.tup.com.cn，010-62795954
印 刷 者： 北京富博印刷有限公司
装 订 者： 北京市密云县京文制本装订厂
经　　销： 全国新华书店
开　　本： 185mm×260mm　**印　张：** 9　**字　　数：** 225千字
版　　次： 2012年8月第1版　2018年8月第3版　**印　　次：** 2018年8月第1次印刷
印　　数： 1～1500
定　　价： 29.00元

产品编号：075542-01

前言

FOREWORD

“计算机应用基础”是一门应用性很强的课程，要求学生不仅掌握计算机的基础知识与理论，而且在计算机的操作上要达到一定的熟练程度，能够运用计算机解决日常工作中的一些问题，比如办公事务的处理、简单的网页制作。

本书是与张超等主编、清华大学出版社出版的《计算机应用基础(第3版)》主教材相配套的实验辅导书，适用于应用型本科院校计算机基础课程的实践教学，也可作为自学或参考用书。

本书共分为4章，全部为上机实验，内容包括中文版Windows 7操作系统、Office 2010办公软件的使用、网页设计和计算机网络基础配置，每章包含多个实验，而且都配有综合实验和综合练习。书中实验大部分来源于作者多年教学中使用的典型案例和实验，力求内容新颖、概念准确、通俗易懂、实用性强。

综合实验和综合练习部分所需要的素材可以通过指定链接下载：

http://jsjxy.shiep.edu.cn/base/download/sucai2017.zip

本书由张超、王剑云、陈宗民、叶文珺编写，全书由张超统稿。在本书的编写和出版过程中，得到了上海电力学院计算机科学与技术学院的领导及老师们的大力支持，在此深表感谢！

雷景生教授审阅了书稿，并提出了宝贵意见。

由于作者的编写水平有限，书中的疏漏和不足之处在所难免，恳请读者和同仁给予批评指正。

编　者

2017年4月于上海电力学院

目　录

CONTENTS

第 1 章　中文版 Windows 7 操作系统

实验 1　Windows 7 基本操作

一、实验目的

(1) 掌握鼠标的基本操作；
(2) 掌握窗口、菜单的基本操作；
(3) 掌握桌面主题的设置；
(4) 掌握任务栏的使用和设置及任务切换功能；
(5) 掌握“开始”菜单的组织；
(6) 掌握快捷方式的创建。

二、实验内容及步骤

1. 鼠标的使用

(1) 指向：将鼠标依次指向任务栏上每一个图标，如将鼠标指向桌面右下角时钟图标，则显示计算机系统日期。

(2) 单击：用于选定对象。单击任务栏上的“开始”按钮，打开“开始”菜单；将鼠标移到桌面上的“计算机”图标处，图标颜色变浅，说明选中了该图标，如图 1-1 所示。

图 1-1　选定了的“计算机”图标

(3) 拖动：将桌面上的“计算机”图标移动到新的位置。(如不能移走，则应在桌面上空白处右击，在快捷菜单的“查看”菜单中，将“自动排列图标”前的勾选去掉)。

(4) 双击：用于执行程序或打开窗口。双击桌面上的“计算机”图标，即打开“计算机”窗口，双击某一应用程序图标，即启动某一应用程序。

(5) 右击：用于调出快捷菜单。右击桌面左下角“开始”按钮，或右击任务栏上空白处、右击桌面上空白处、右击“计算机”图标，右击一文件夹图标或文件图标，都会弹出不同的快捷菜单。

2. 桌面主题的设置

在桌面任一空白位置右击鼠标,在弹出的快捷菜单中执行"个性化"命令,出现"个性化"设置窗口。

1) 设置桌面主题

选择桌面主题为 Aero 风格的"风景",观察桌面主题的变化。然后单击"保存主题",保存该主题为"我的风景",如图 1-2 所示。

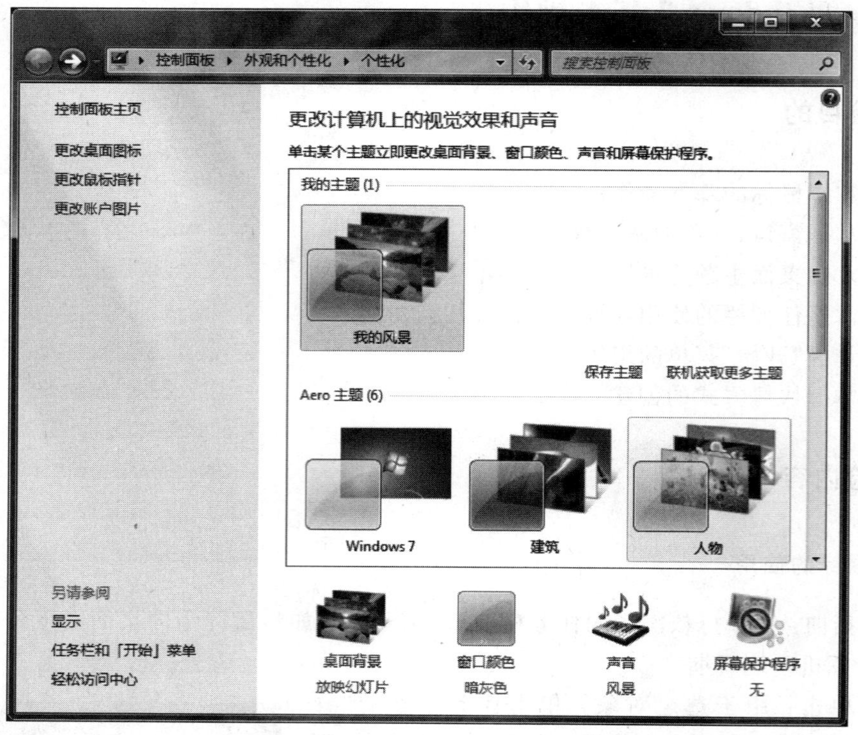

图 1-2 "个性化"设置窗口

2) 设置窗口颜色

单击图 1-2 中的"窗口颜色"图标,出现如图 1-3 所示的"窗口颜色和外观"窗口,选择一种窗口的颜色,如"深红色",观察桌面窗口边框颜色从原来的暗灰色变为深红色,最后单击"保存修改"按钮。

3) 设置桌面背景

单击图 1-2 中的"桌面背景"图标,设置桌面背景图为"风景",设置为幻灯片放映,时间间隔为 5 分钟,无序放映,如图 1-4 所示。

4) 设置屏幕保护程序

设置屏幕保护程序为三维文字,屏幕保护等待时间为 5 分钟。

(1) 单击图 1-2 中的"屏幕保护程序"图标,出现"屏幕保护程序设置"对话框,在"屏幕保护程序"下拉框中选择"三维文字",在"等待"下拉框中选择"5 分钟",然后单击"设置"按钮。

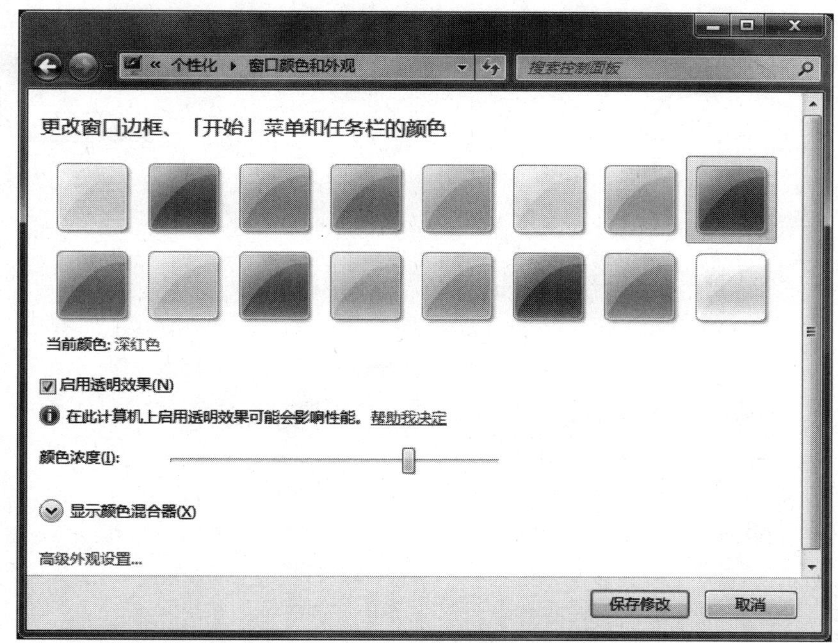

图 1-3　“窗口颜色和外观”设置窗口

图 1-4　“桌面背景”设置窗口

(2) 在如图1-5所示对话框的"自定义文字"框中输入 hello,然后单击"选择字体"按钮,选择需要的字体。

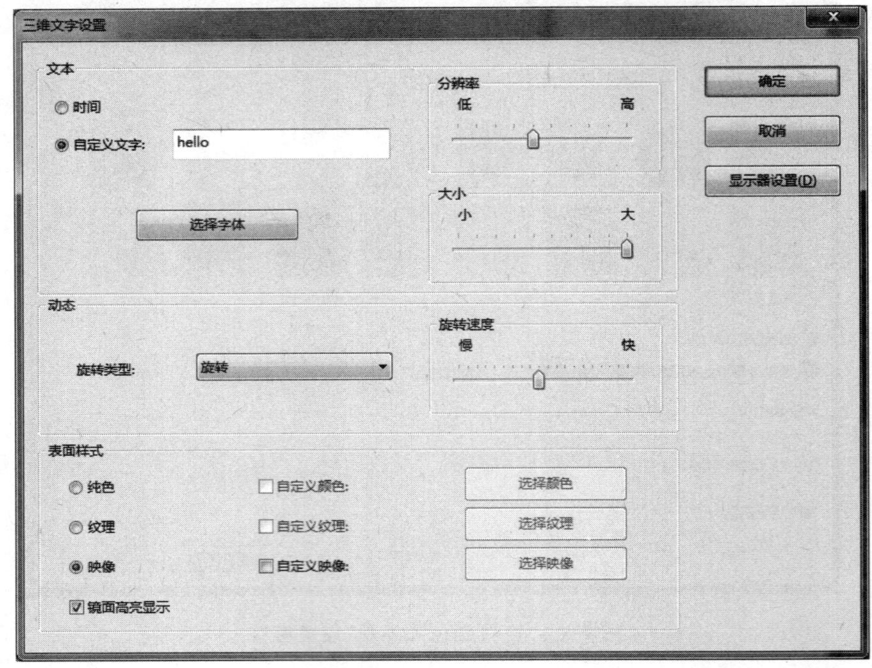

图1-5 "三维字体设置"对话框

(3) 如果要为屏幕保护设置密码,在如图1-6所示对话框中勾选"在恢复时显示登录屏幕"复选框。

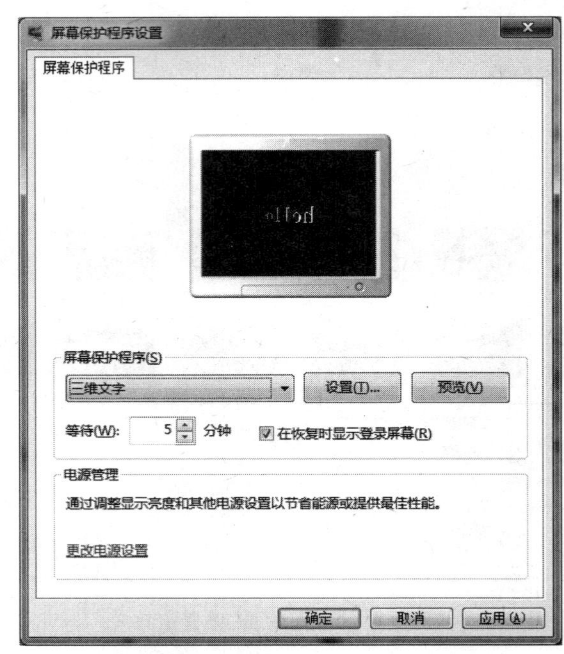

图1-6 "屏幕保护程序设置"对话框

3. 改变屏幕分辨率及窗口外观显示字体

1）更改屏幕分辨率

在桌面空白处右击，在弹出的快捷菜单中选择“屏幕分辨率”，在如图 1-7 所示的窗口中，展开“分辨率”栏中的下拉菜单，设置屏幕分辨率为 1920×1080，然后单击“确定”或“应用”按钮即可。

图 1-7 设置屏幕分辨率

2）设置窗口显示字体

在如图 1-7 所示的窗口中选择“放大或缩小文本和其他项目”，在如图 1-8 所示的窗口中选择“较大-150%”，然后单击“应用”按钮即可。

该设置生效后，在桌面空白处右击，会发现弹出的快捷菜单中字体和颜色都发生了改变；打开资源管理器或 Word 文档等，也会发现菜单字体和颜色都发生了改变，如图 1-9 所示。

4. 桌面图标设置及排列

1）在桌面显示控制面板图标

在“个性化”设置窗口（如图 1-2 所示）中选择“更改桌面图标”，出现如图 1-10 所示的对话框，选择“控制面板”项，然后单击“确定”或“应用”按钮即可。

2）将桌面图标按“名称”排列

在桌面空白处右击，在弹出的快捷菜单中选择“排序方式”|“名称”即可，如图 1-11 所示。

3）设置桌面不显示任何图标

取消勾选桌面快捷菜单中的“查看”|“显示桌面图标”项，如图 1-12 所示，桌面上的所有图标都不显示。

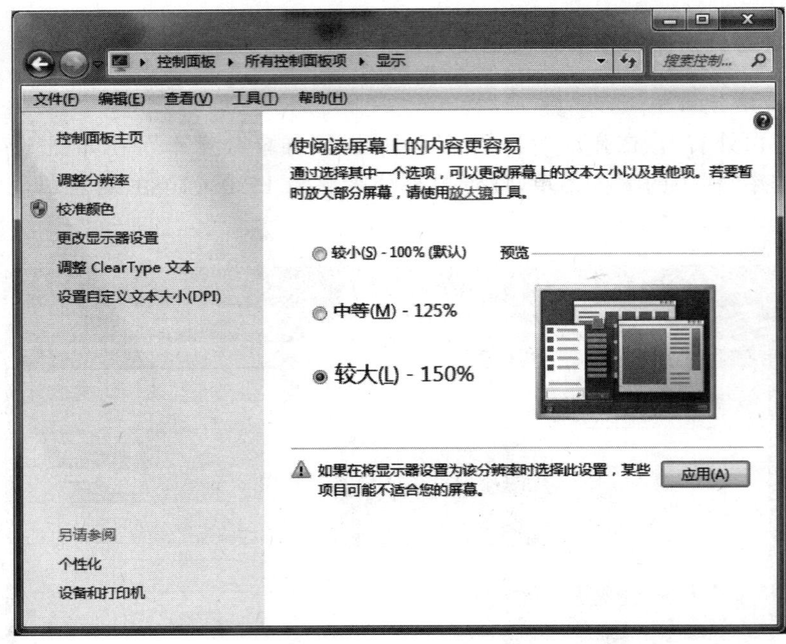

图 1-8　字体设置窗口

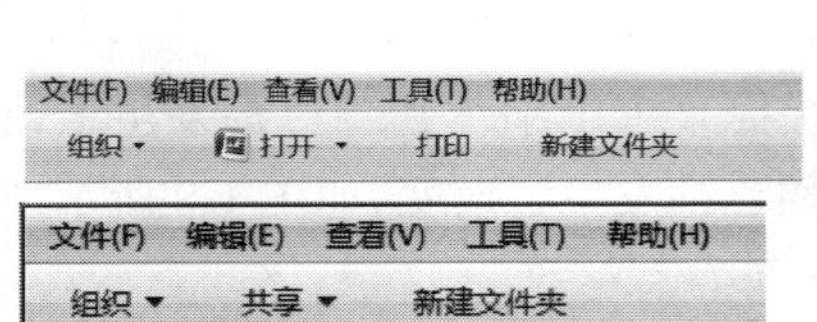

图 1-9　较大字体菜单和较小字体菜单

图 1-10　“桌面图标设置”对话框

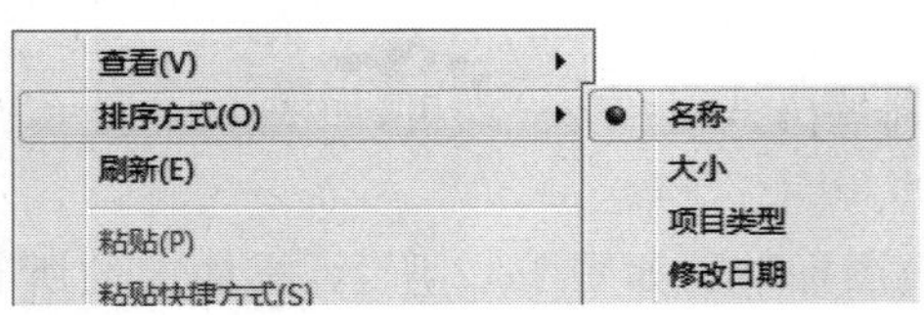

图 1-11　桌面快捷菜单中的“排序方式”菜单

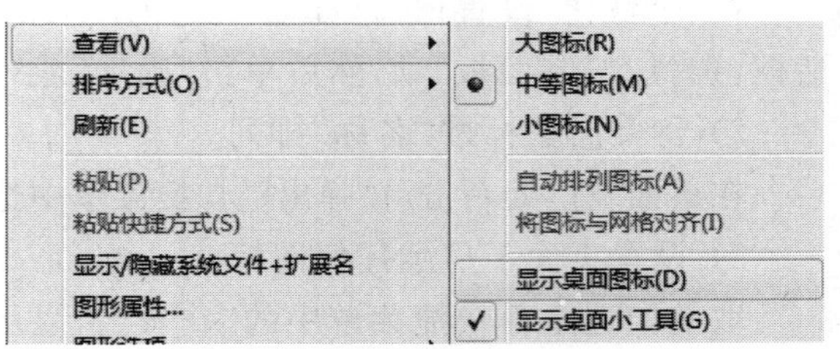

图 1-12　桌面快捷菜单中的“查看”菜单

5. 对 Windows 7 窗口进行操作

1) Windows 7 窗口操作

双击桌面上的"计算机"图标,打开"计算机"窗口,进行如下操作。

(1) 单击窗口右上角的三个按钮,实现最小化、最大化/还原和关闭窗口操作。

(2) 拖动窗口四边框或窗口角,调整窗口大小。

(3) 用鼠标按住窗口标题栏并进行拖动,移动窗口;双击标题栏,最大化窗口或还原窗口。

(4) 通过 Aero Snap 功能调整窗口。窗口最大化:Win+向上箭头;窗口靠左显示:Win+向左箭头;靠右显示:Win+向右箭头;还原或窗口最小化:Win+向下箭头。

(5) 单击"组织"按钮旁的向下箭头,选择"布局",如图 1-13 所示,取消勾选或勾选"菜单栏""细节窗格""预览窗格""导航窗格",观察"计算机"窗口格局的变化。

(6) 使用 Alt+空格键在窗口左上角打开控制菜单,然后使用键盘进行窗口操作。

(7) 按 Alt+F4 组合键关闭窗口。

2) 使用 Windows 7 窗口的地址栏

(1) 在"计算机"窗口的导航窗格(左窗格)中选择"C:\用户"文件夹,在地址栏中单击"用户"右边的箭头 ▸,可以打开"用户"目录下的所有文件夹,如图 1-14 所示,选择一个文件夹,如"公用",即可打开"公用"文件夹。

(2) 在地址栏空白处单击,箭头按钮会消失,路径会按传统的文字形式显示。

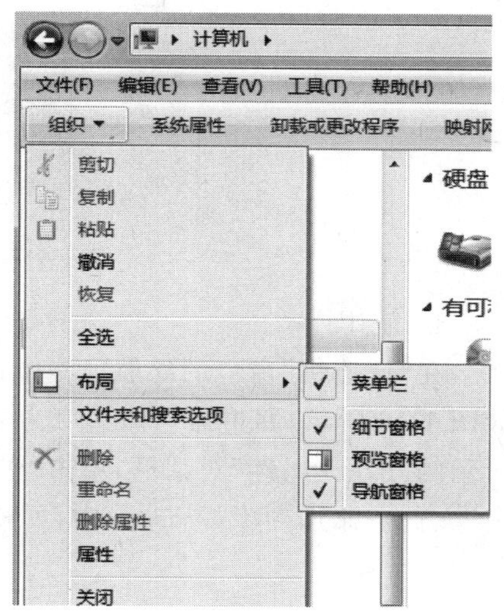

图 1-13 "布局"菜单

图 1-14 Windows 7 窗口中的地址栏

(3) 在地址栏的右侧还有一个向下的箭头按钮,单击该按钮,可以显示曾经访问的历史记录。

(4) 利用窗口左上角的"返回"和"前进"按钮,可以在浏览记录中导航而无须关闭当前窗口。单击“返回”按钮,可以回到上一个浏览位置,单击“前进”按钮,可以重新进入之前所在的位置。

3）使用收藏夹

在“计算机”窗口中选择“C:\用户”文件夹,在导航窗格的“收藏夹”上右击,在弹出的快捷菜单中选择“将当前位置添加到收藏夹”,如图1-15所示,或直接将文件夹拖到收藏夹下方的空白区域,“C:\用户”文件夹的快捷方式就会出现在收藏夹中。

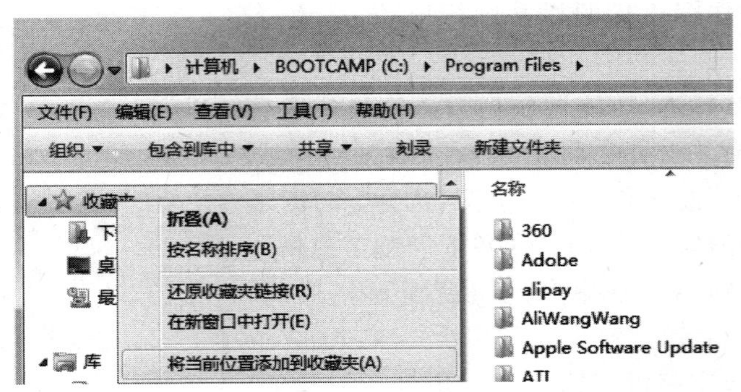

图1-15 “收藏夹”快捷菜单

4）使用库

在“计算机”窗口的导航窗格中选择“库”,右击,在弹出的快捷菜单中选择“新建”|“库”,如图1-16所示,并重命名新建库为users;打开users快捷菜单,选择“属性”,打开如图1-17所示的“users属性”对话框,单击“包含文件夹”按钮,选择“C:\用户”文件夹,可以将“C:\用户”文件夹添加到库的users中,如图1-18所示。

图1-16 “库”快捷菜单

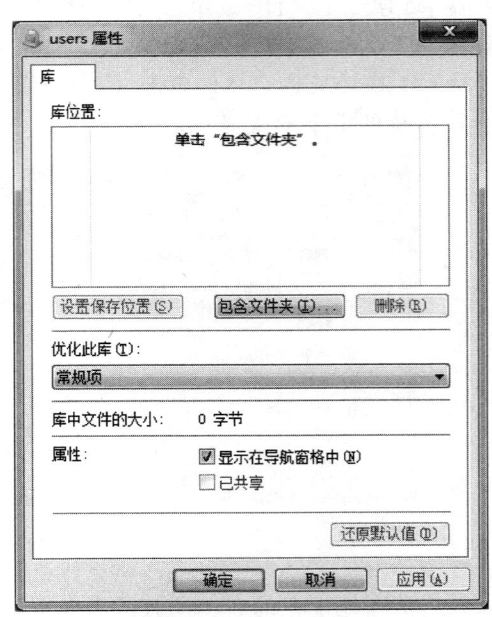

图1-17 “users属性”对话框

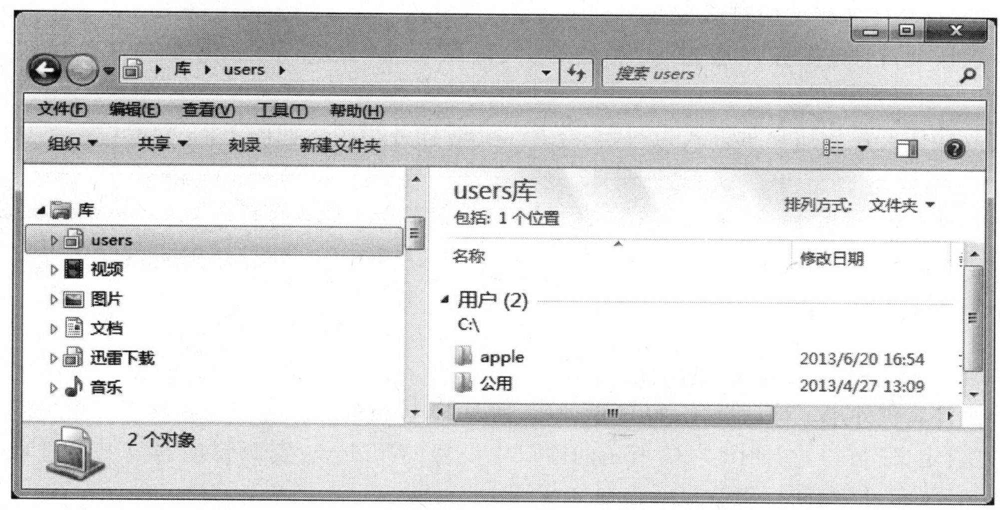

图 1-18 库中的 users 项

6. 任务栏的设置

在任务栏空白处右击，在弹出的快捷菜单中选择“属性”，出现如图 1-19 所示的对话框。

图 1-19 “任务栏和「开始」菜单属性”对话框

1）设置任务栏的自动隐藏功能

在“任务栏”选项卡的选项“自动隐藏任务栏”前打勾，然后单击“应用”或“确定”按钮，当鼠标离开任务栏时，任务栏会自动隐藏。

2）移动任务栏

在“任务栏”选项卡中，设置“屏幕上的任务栏位置”为“顶部”，将任务栏移动至桌面顶部。

3）改变任务栏按钮显示方式

默认情况下，任务栏按钮为“始终合并、隐藏标签”状态，此时任务栏图标如图1-20所示。

改变任务栏按钮显示方式为“从不合并”，此时任务栏图标如图1-21所示。

图1-20 “始终合并、隐藏标签”状态下的任务栏

图1-21 “从不合并”状态下的任务栏

4）在通知区域显示U盘图标

当计算机外接了移动设备，如U盘，默认情况下，U盘的图标处于隐藏状态。单击图1-19中的“自定义”按钮，在如图1-22所示的窗口中设置“Windows资源管理器”项为“显示图标和通知”状态，U盘图标就会显示在通知区域。

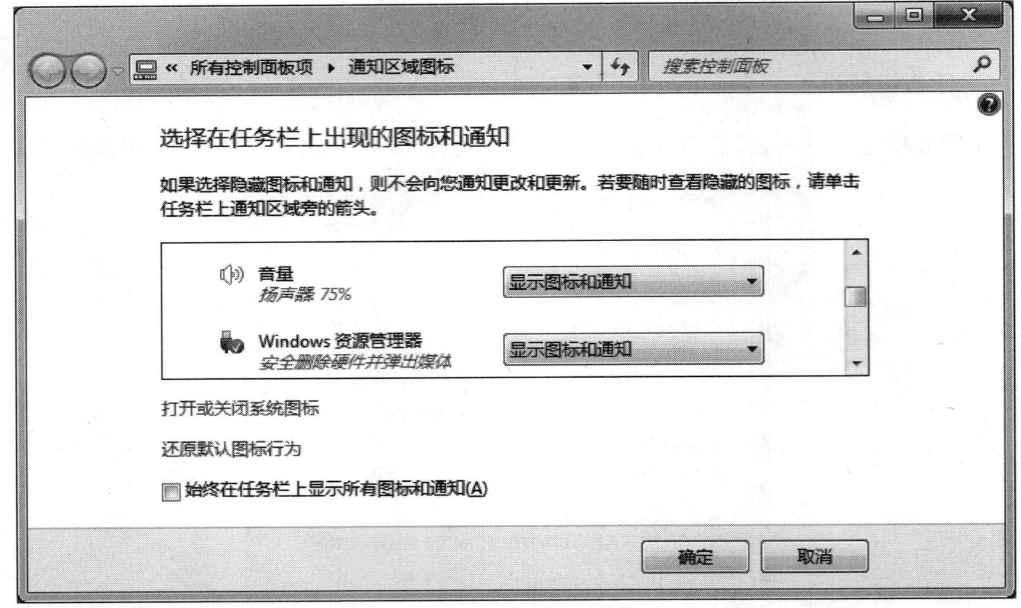

图1-22 通知区域图标设置窗口

5）在任务栏上显示“地址”工具栏

在任务栏的任意空白处右击，在弹出的快捷菜单中选择“工具栏”|“地址”项，如图1-23所示，地址栏即出现在任务栏中。

6）将程序锁定到任务栏

运行Word程序，任务栏上会显示一个Word图标，关闭文档后任务栏上的图标将消失。在任务栏上的Word图标上右击，在弹出的快捷菜单中选择“将此程序锁定到任务栏”，即可将Word程序锁定到任务栏，如图1-24所示。当关闭Word程序后，任务栏上仍然显示Word图标，单击该图标就可以打开Word程序。

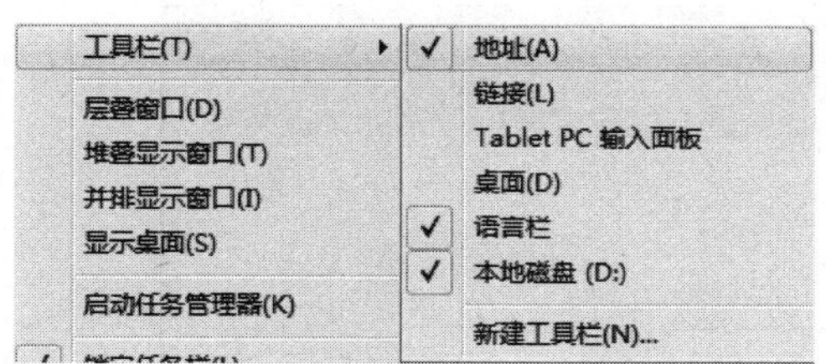

图 1-23 “工具栏”快捷菜单

图 1-24 将程序锁定到任务栏菜单

7. 创建桌面快捷方式

在桌面上创建一个指向画图程序(mspaint.exe)的快捷方式,有以下两种方法。

方法一:右击桌面空白处,在弹出的快捷菜单中选择“新建”|“快捷方式”,打开“创建快捷方式”对话框,在“请键入对象的位置”框中,输入 mspaint.exe 文件的路径“C:\Windows\system32\mspaint.exe”(或通过“浏览”按钮选择),如图 1-25 所示,单击“下一步”按钮,在“键入该快捷方式的名称”框中,输入“画图”,再单击“完成”按钮即可,如图 1-26 所示。

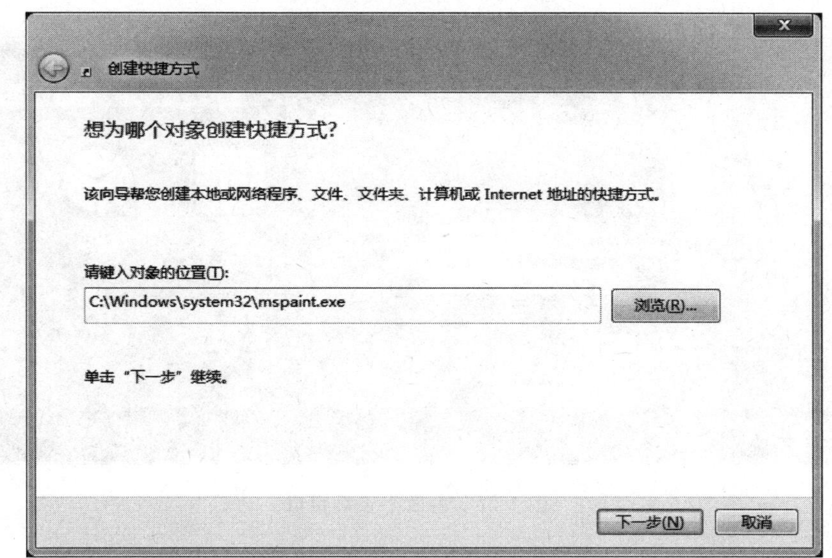

图 1-25 创建快捷方式(1)

方法二:在资源管理器窗口中选定文件“C:\windows\system32\mspaint.exe”,用鼠标右键拖动该文件至桌面,在释放鼠标右键的同时弹出一个快捷菜单,从中选择“在当前位置创建快捷方式”命令;右击所建快捷方式图标,选择“重命名”命令,将快捷方式名称改为“画图”。

8. 创建桌面小工具

在桌面上右击,在弹出的快捷菜单中选择“小工具”,出现如图 1-27 所示的桌面小工具窗口,选择“日历”,双击、拖曳或在右键菜单中选择“添加”,就可以将该项添加到桌面。

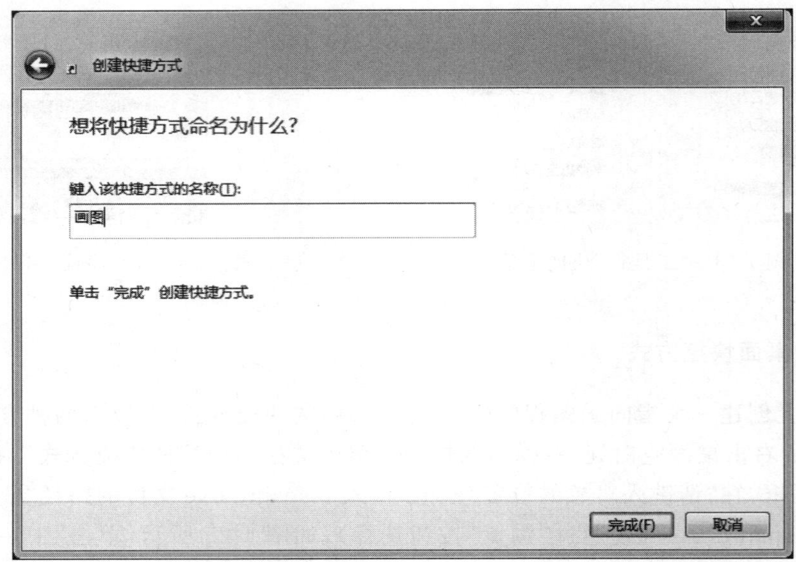

图 1-26 创建快捷方式(2)

图 1-27 桌面小工具窗口

9. "开始"菜单的使用

1) 程序列表的使用

打开"开始"菜单的"所有程序"列表,找到"桌面小工具",单击运行一次。再次打开"开始"菜单,"桌面小工具"已经出现在程序列表中。

(1) 锁定程序项。

在程序列表中右击"桌面小工具库",在弹出的快捷菜单中选择"附到「开始」菜单",即可将"桌面小工具库"程序项锁定到上端固定程序列表项中,如图 1-28 所示。

(2) 解锁程序项。

在锁定的"桌面小工具库"程序列表项的快捷菜单中选择"从「开始」菜单解锁",即可解锁该程序项,返回程序列表下端显示。

图 1-28 “开始”菜单中的程序项

2）跳转列表的使用

用记事本程序创建三个文本文件，分别命名为 t1. txt、t2. txt、t3. txt，打开“开始”菜单，将鼠标定位在菜单项“记事本”右边的黑色箭头 ▸ 处，出现跳转列表，如图 1-29 所示。

图 1-29 “开始”菜单中的跳转列表

(1) 通过跳转列表打开文档。

选择跳转列表中的 t3. txt 项,即可打开 t3. txt 文档。

(2) 将程序锁定到跳转列表。

在跳转列表中将鼠标停留在 t3. txt 项上,如图 1-29 所示,其右侧会出现一个锁定图标 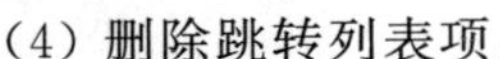,单击该图标,即可将项目锁定到跳转列表;或右击,在弹出的快捷菜单中选择“锁定到此列表”,也可以实现此操作。

(3) 将程序从跳转列表解锁。

如图 1-30 所示,跳转列表中锁定了 t3. txt,将光标停留在 t3. txt 项上,单击该项右边的解锁图标,或在快捷菜单中选择“从此列表解锁”,t3. txt 项回到“最近”列表中。

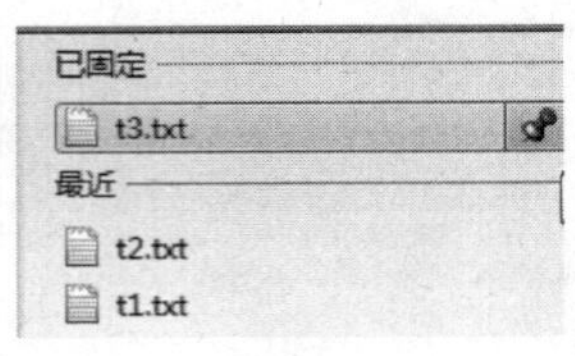

图 1-30　锁定了 t3. txt 后的跳转列表

(4) 删除跳转列表项。

在跳转列表中右击 t1. txt 项,在快捷菜单中选择“从列表中删除”,即可将 t1. txt 项从跳转列表中删除。

3) 利用“搜索”框搜索

在“开始”菜单下方搜索框中输入“记事本”,然后按回车键,搜索结果显示在搜索框上方,其中包含记事本程序和其他包含“记事本”的文档,选中“记事本”程序并按回车键,即可打开记事本程序。

实验 2　Windows 7 文件操作

一、实验目的

(1) 了解资源管理器的功能及组成;

(2) 掌握文件及文件夹的概念;

(3) 掌握文件及文件夹的使用,包括创建、移动、复制、删除等;

(4) 掌握文件夹属性的设置及查看方式;

(5) 掌握运行程序的方法。

二、实验内容及步骤

1. 打开资源管理器

右击桌面左下角“开始”按钮或者任务栏中的图标,在出现的快捷菜单中选择“Windows 资源管理器”,打开资源管理器窗口。也可以在“开始”菜单中选择“所有程序”|“附件”|“Windows 资源管理器”打开资源管理器。

2. 设置文件及文件夹的显示方式及排列方式

1) 改变文件夹及文件的显示方式

在资源管理器中打开“查看”菜单,如图 1-31 所示,或在资源管理器右边窗口的空白处右击，选择“查看”菜单，分别选择“大图标”“中等图标”“小图标”“列表”“详细信息”“平铺”“内容”菜单项，可以改变文件夹及文件的排列方式。图 1-31 中文件夹按“详细信息”方式显示。

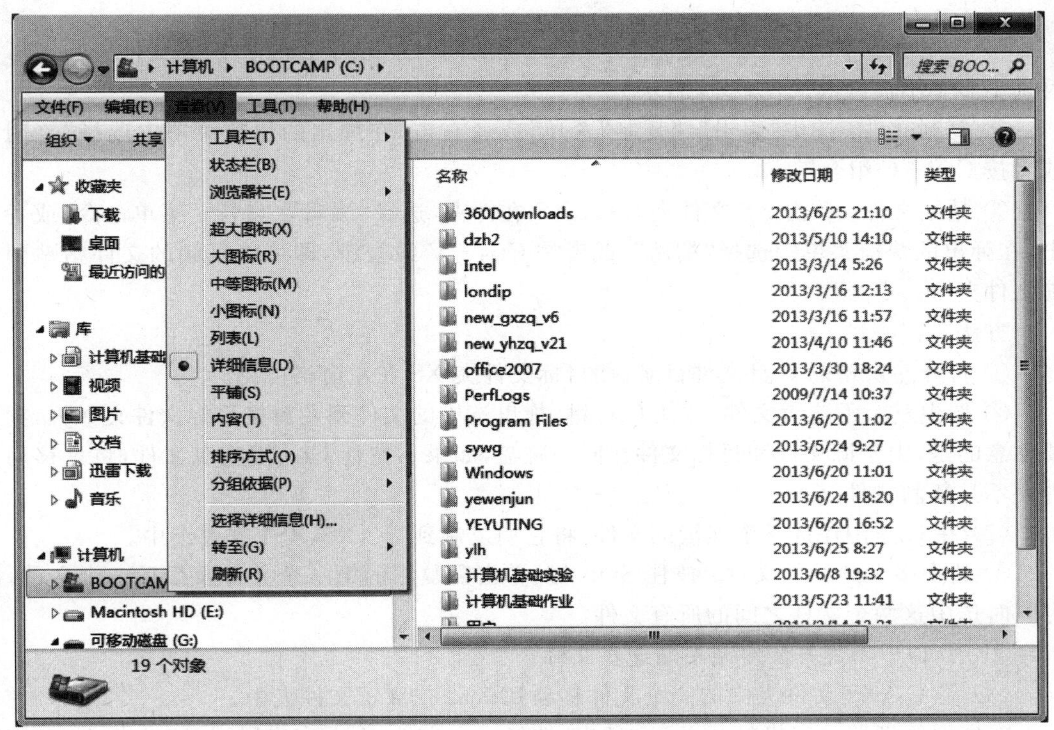

图 1-31 在资源管理器中打开“查看”菜单

2）改变文件夹及文件的图标排列方式

选择菜单项“查看”|“排序方式”，或右击，在弹出的快捷菜单中选择“排序方式”，出现如图 1-32 所示的菜单，选择按“名称”“类型”“大小”等，图标的排列顺序随之改变。

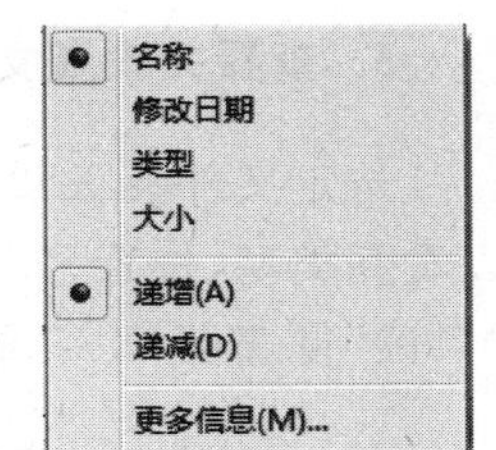

图 1-32 排列图标菜单

3. 创建文件夹

在 C 盘上创建一个名为 XS 的文件夹，再在 XS 文件夹下创建两个并列的二级文件夹，命名为 XS1 和 XS2。

方法一：在资源管理器窗口导航窗格选定 C:\为当前文件夹，在右窗格中选择“文件”|“新建”|“文件夹”，右窗格中将出现一个新建文件夹，名称为“新建文件夹”。将“新建文件夹”改名为 XS 即可。

方法二：在资源管理器窗口左窗格选定 C:\为当前文件夹，在右窗格任一空白位置处右击，在弹出的快捷菜单中选择“新建”|“文件夹”，右窗格中出现一个新建文件夹，名称为“新建文件夹”。将“新建文件夹”改名为 XS 即可。

双击 XS 文件夹，进入该文件夹，用上述同样方法创建文件夹 XS1 和 XS2。

4. 复制、剪切、移动文件

(1) 在C盘中任选三个不连续的文件,将它们复制到C:\XS文件夹中。

方法一:

① 选中多个不连续的文件:在按住Ctrl键的同时单击需要的文件(或文件夹),即可同时选中多个不连续的文件(或文件夹)。

② 复制文件:选中"编辑"|"复制"菜单,或者右击,在弹出的快捷菜单中选择"复制",或者按Ctrl+C组合键。

③ 粘贴文件:单击XS文件夹,进入XS文件夹,选择"编辑"|"粘贴"菜单命令,或者右击,在弹出的快捷菜单中选择"粘贴",或者按Ctrl+V组合键,即可将复制的文件粘贴到当前文件夹中。

方法二:

① 打开左窗格的C盘文件目录,使目标文件夹XS在左窗格可见。

② 选中三个不连续文件,按住Ctrl键,拖曳选中的文件到左窗格目标文件夹XS。特别要注意的是,由于源文件和目标文件在同一磁盘,如果不按住Ctrl键拖曳文件,将是移动文件而不是复制文件。

(2) 在C盘中任选三个连续的文件,将它们复制到C:\XS\XS1文件夹中。

① 选中多个连续的文件:按住Shift键,单击需复制的第一个文件及最后一个文件,即可同时选中这两个文件之间的所有文件。

② 用(1)中所述方法复制粘贴这些文件。

(3) 将C:\XS文件夹中的一个文件移动到XS2二级子文件夹中。

在资源管理器右窗格打开XS文件夹,选择一个文件,在左窗格展开XS文件夹,直接拖动该文件到左窗格的XS2文件夹处即可。

5. 查看并设置文件和文件夹的属性

选定文件夹XS2,在右键菜单中选择"属性",出现"属性"对话框,在"常规"选项卡中可以看到类型、位置、大小、占用空间、包含的文件夹及文件数等信息,如图1-33所示。选中"只读"复选框,XS2文件夹成为只读文件;选中"隐藏"复选框,XS2成为隐藏文件夹。

6. 控制窗口内显示/不显示隐藏文件(夹)

选择"工具"|"文件夹选项"菜单,出现如图1-34所示对话框,在"隐藏文件和文件夹"下选择"不显示隐藏的文件、文件夹和驱动器",单击"确定"按钮。打开XS文件夹,XS2文件夹不可见。

在图1-34中选择"显示隐藏的文件、文件夹和驱动器",单击"确定"按钮。再次打开XS文件夹,XS2文件夹可见。

7. 文件的改名

1) 改主文件名

打开C:\XS文件夹,在任意空白处右击,在弹出的快捷菜单中选择"新建"|"文本文

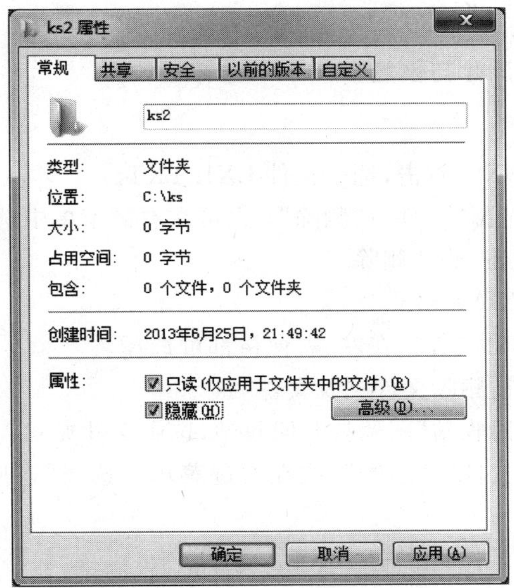

图 1-33 文件属性

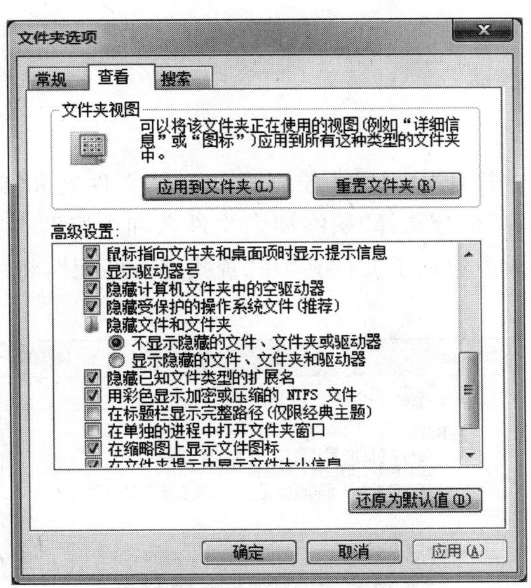

图 1-34 "文件夹选项"对话框

档"，出现一个新文件，名为"新建文本文档"，而且文件名处于编辑状态，输入新文件名LX1，按回车键确认即可(文件的全名为 LX1.TXT)。

单击鼠标选中文件 LX1.TXT，在文件名处再单击，文件名进入编辑状态，此时可再次修改文件名。

2) 改扩展名

在如图 1-34 所示的对话框中，取消勾选"隐藏已知文件类型的扩展名"选项，资源管理器中将显示文件的全名(主文件名+扩展名)，此时即可修改文件的扩展名(文件类型)，如将

LX1. TXT 改名为 LX1. DOC。

8. 文件及文件夹的删除与恢复

1) 删除文件

(1) 打开文件夹 C:\XS,右击,选中文件 LX1. TXT。

(2) 按 Delete 键或选择“文件”|“删除”; 也可在右键菜单中选择“删除”命令,显示确认删除信息框,单击“是”按钮,确认删除。

2) 删除文件夹 C:\XS\XS2

步骤方法同上,但对象文件夹在左、右窗格都可选择。

3) 从“回收站”恢复被删除文件夹及文件

(1) 双击桌面上的“回收站”图标打开回收站,选中文件夹 C:\XS\XS2。

(2) 选择菜单命令“文件”|“还原”,或在右键菜单中选择“还原”命令,即可恢复被删除的文件夹。

同理,可恢复被删除的文件 LX1. TXT。

4) 永久删除一个文件夹或文件

选中待删除的文件(夹),按 Shift+Delete 键,在确认删除框中单击“是”按钮,即可彻底删除该文件(夹)。

9. 文件和文件夹的搜索

(1) 设置搜索方式。

在资源管理器窗口中打开“组织”下拉列表,选择“文件夹和搜索选项”,出现如图 1-35 所示对话框,在“搜索内容”部分选择“始终搜索文件名和内容”,在“搜索方式”部分勾选“在搜索文件夹时在搜索结果中包括子文件夹”和“查找部分匹配”,将可以根据文件名或文件内容进行文件搜索。

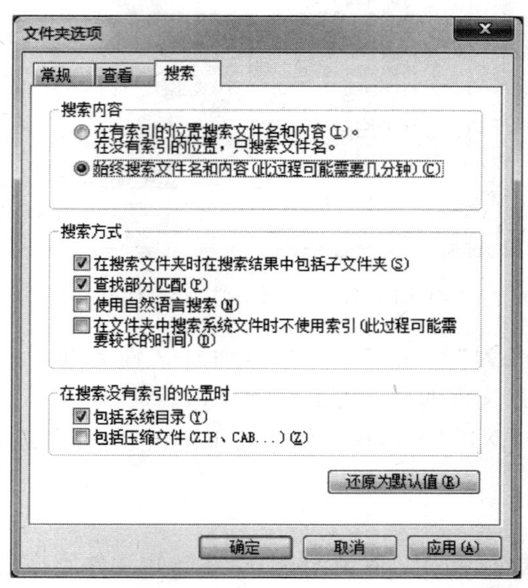

图 1-35 “文件夹选项”对话框

(2) 搜索 C 盘及其子文件夹下所有文件名以 LX 开头的文本文件(扩展名为.txt)。

打开资源管理器,在左窗格中选择 C 盘,在窗口右上角的搜索栏中输入"LX＊.txt",搜索结果显示在右侧窗口,如图 1-36 所示。

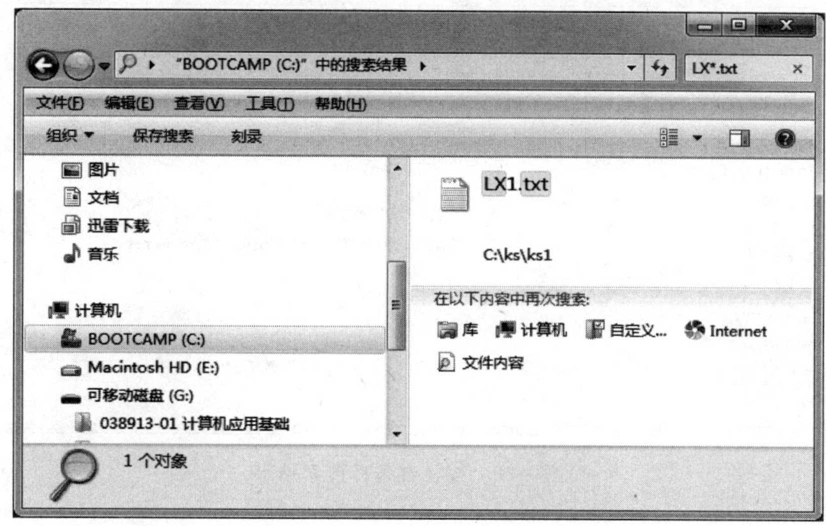

图 1-36 按文件名搜索结果

(3) 搜索 KS 文件夹及其子文件夹下所有包含文字 My god 且文件大小不超过 10KB、在 2013-6-1—2013-6-25 之间修改的文本文件(扩展名为 txt)。

① 在资源管理器的左窗格中选择 C:\KS 文件夹,在搜索框中输入 My god,如图 1-37(a)所示;

② 在"添加搜索筛选器"下选择"大小"为"微小(0-10KB)",如图 1-37(b)所示;

③ 在"添加搜索筛选器"下选择"修改日期"为 2013-6-1—2013-6-25,方法是首先选择 2013-6-1,按住 Shift 键,再选择 2013-6-25 即可,如图 1-37(c)所示;

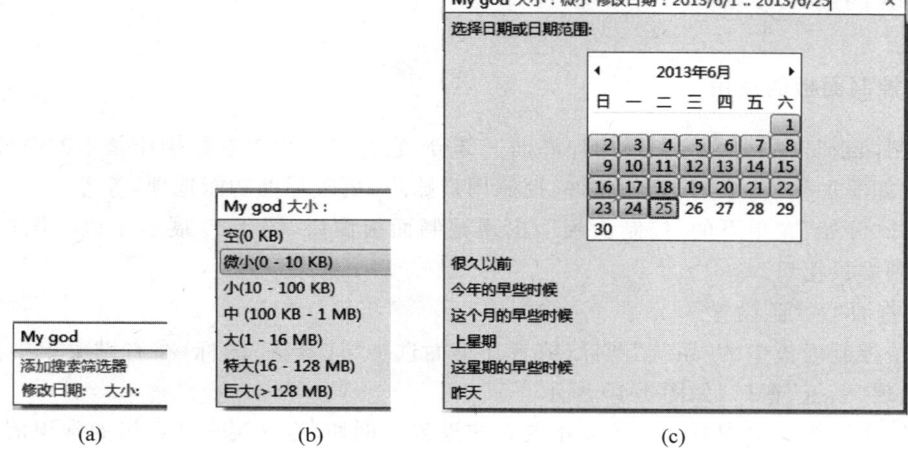

图 1-37 添加筛选条件

④ 搜索结果显示在右侧窗口中,如图1-38所示。

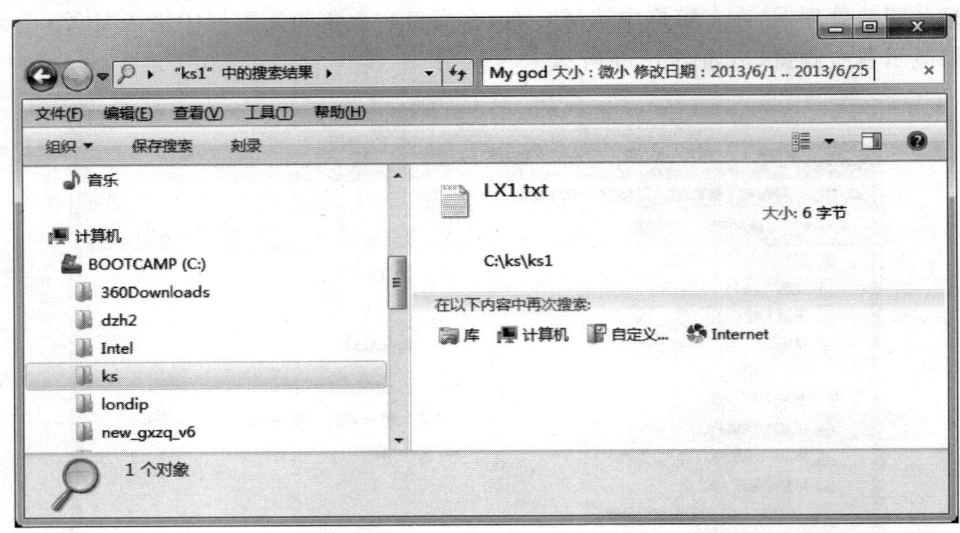

图1-38 按复合条件搜索结果

实验3 Windows 7系统设置及附件的使用

一、实验目的

(1) 掌握"控制面板"中常用资源的设置;
(2) 掌握添加和删除应用程序的方法;
(3) 了解附件中常用的"小程序"的使用。

二、实验内容及步骤

1. 控制面板的使用

控制面板是Windows图形用户界面一部分,它允许用户查看并操作基本的系统设置和控制,比如添加硬件,添加/删除软件,控制用户账户,更改辅助功能选项,等等。

打开"开始"菜单下的"控制面板",出现控制面板窗口,图1-39展示了以小图标方式显示的控制面板窗口。

1) 查看"系统"设置

单击控制面板中的"系统"图标(或者在桌面选中"计算机"图标,在右键菜单中选择"属性"),出现"系统"窗口,如图1-40所示。

可以在该窗口中查看并更改基本的系统设置。例如,显示用户计算机的常规信息、编辑位于工作组中的计算机名、管理并配置硬件设备、启用自动更新。

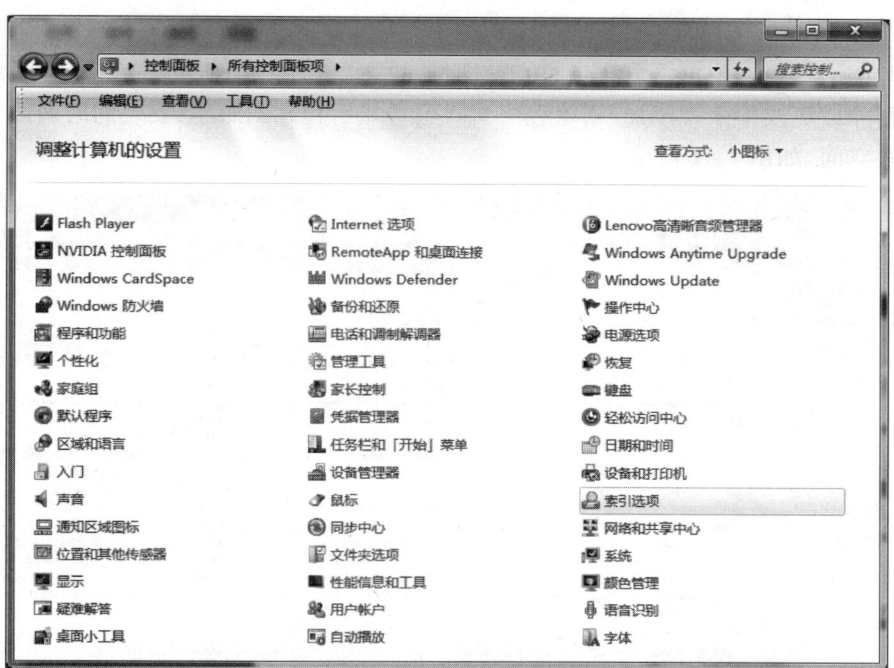

图 1-39 控制面板窗口

图 1-40 “系统”窗口

2）添加或删除程序

在控制面板窗口中单击“程序和功能”图标，进入“程序和功能”窗口。此时用户可以从系统中删除或更改程序。添加/删除程序窗口也会显示程序的版本、安装的时间以及程序占用的磁盘空间，如图1-41所示。

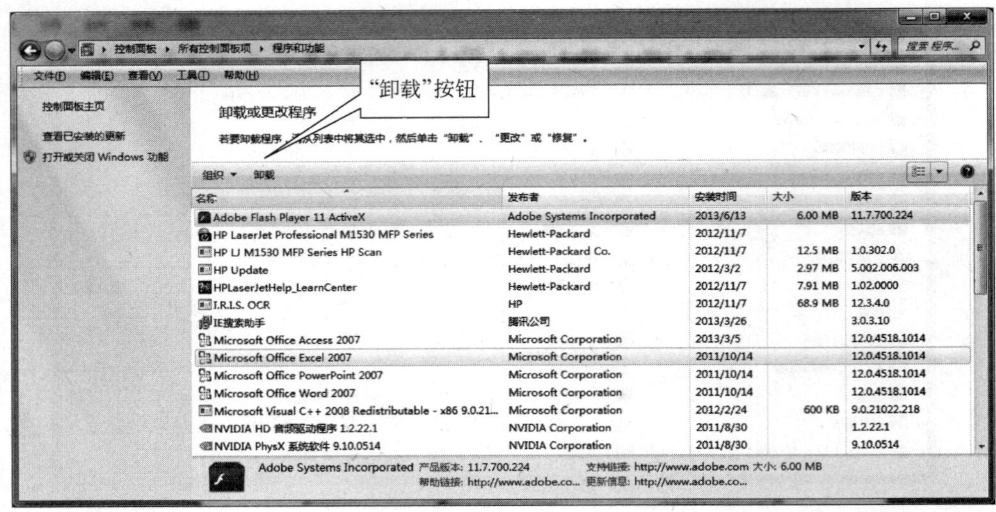

图1-41 “程序和功能”窗口

如果需要删除(卸载)一个已经安装的应用程序，选中该程序，单击“卸载”按钮，即可按提示的步骤卸载一个应用程序。

3）设置用户账户

在控制面板窗口中选择“用户账户”，进入“用户账户”窗口，如图1-42所示。

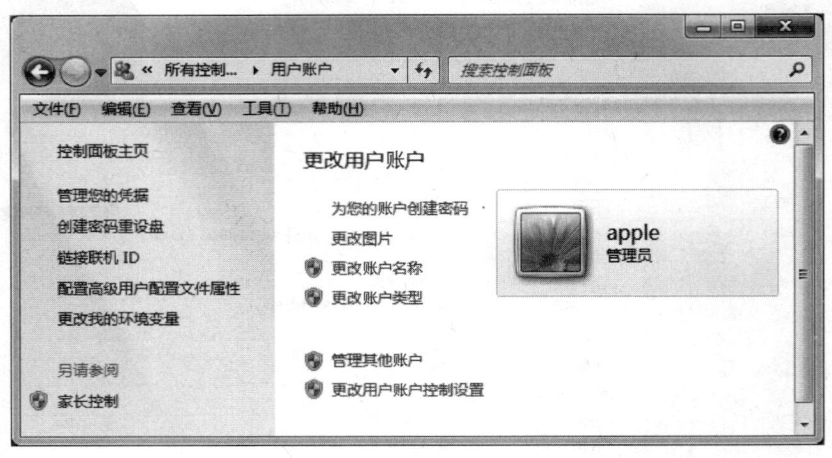

图1-42 “用户账户”窗口

(1) 为当前账户创建密码。

选择图1-42中的“为您的账户创建密码”，出现如图1-43所示的窗口，在对应的框中输入密码及密码提示，然后单击“创建密码”按钮即可，下次登录时须输入密码。

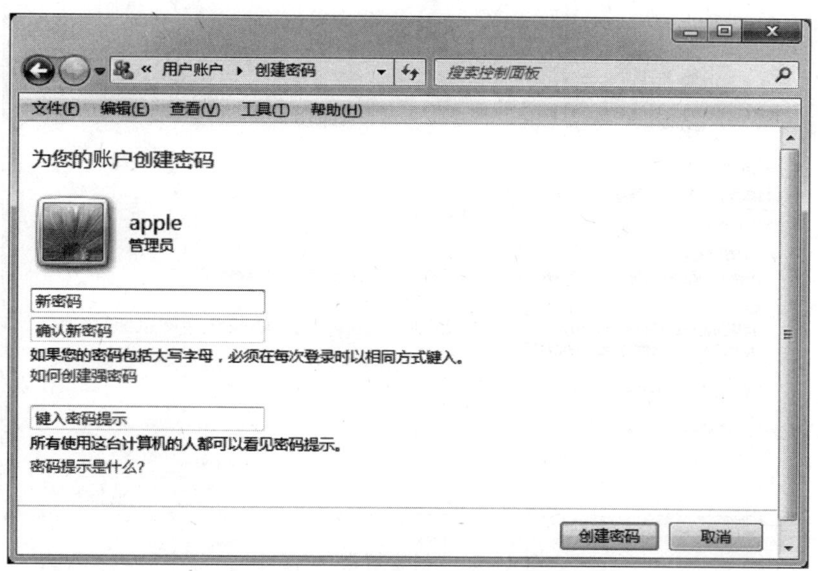

图 1-43 “创建密码”窗口

(2) 建一个新账户。

单击图 1-42 中的“管理其他账户”，出现如图 1-44 所示的“管理账户”窗口，选择“创建一个新账户”，出现如图 1-45 所示的“创建新账户”窗口，输入新账户的名称(例如 administrator_2)，选择账户的类型(例如管理员)，然后单击“创建账户”按钮即可。

创建了一个新账户后，可以给该账户设置密码，也可以改名。

图 1-44 “管理账户”窗口

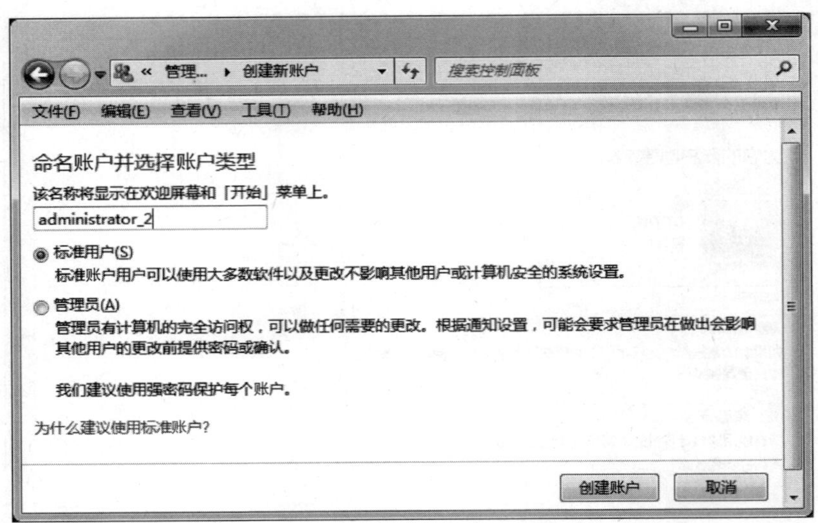

图 1-45 “创建新账户”窗口

(3) 删除账户。

方法一：在如图 1-44 所示窗口中选择需要删除的账户，如 administrator_1，打开“更改账户”窗口，如图 1-46 所示，选择“删除账户”即可，但不能删除第一个创建的计算机管理员账户。

图 1-46 “更改账户”窗口

方法二：选择控制面板中的“管理工具”，如图 1-47 所示，再在“管理工具”窗口中选择“计算机管理”，打开“计算机管理”窗口，展开左窗格的“本地用户和组”，选择“用户”，右窗格中显示所有的账户信息，选择要删除的账户，在右键菜单中选择“删除”命令即可，如图 1-48 所示。

4) 设置“日期和时间”

单击控制面板中的“日期和时间”图标(或双击桌面最右下角的时间)，进入“日期和时间”对话框，如图 1-49 所示，单击图 1-49(a)中的“更改日期和时间”按钮，出现图 1-49(b)所示“日期和时间设置”对话框，用户可以在此调整系统日期和时间。

图 1-47 “管理工具”窗口

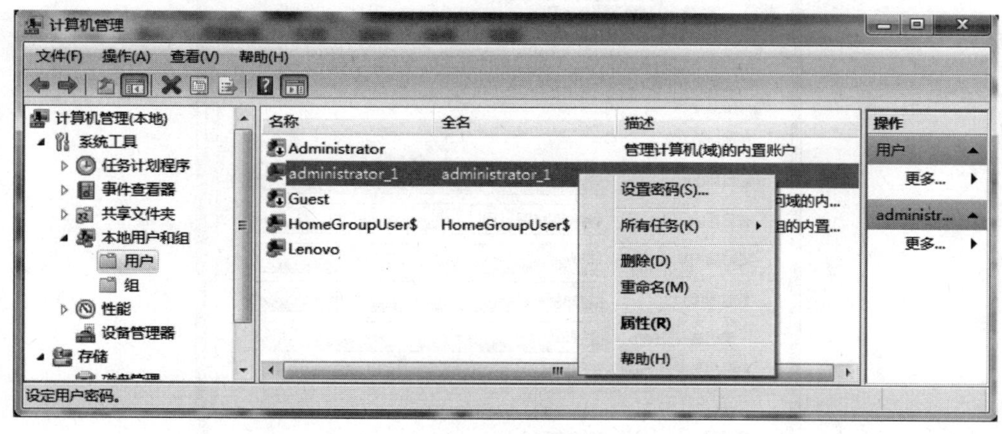

图 1-48 “计算机管理”窗口

5）设置“区域和语言选项”，添加“微软拼音输入法”

区域和语言选项可改变多种区域设置，例如，数字显示的方式(例如十进制分隔符）、默认的货币符号、时间和日期符号、用户计算机的位置、安装输入法等。

(1) 在控制面板窗口中单击“区域和语言选项”，打开“区域和语言”对话框，如图 1-50 所示，在这里可以设置日期和时间的格式。

(2) 单击“其他设置”按钮，打开如图 1-51 所示“自定义格式”对话框，在这里可以设置数字、货币、日期和时间等格式。

(3) 在“区域和语言”对话框中选择“键盘和语言”选项卡，如图 1-52 所示。

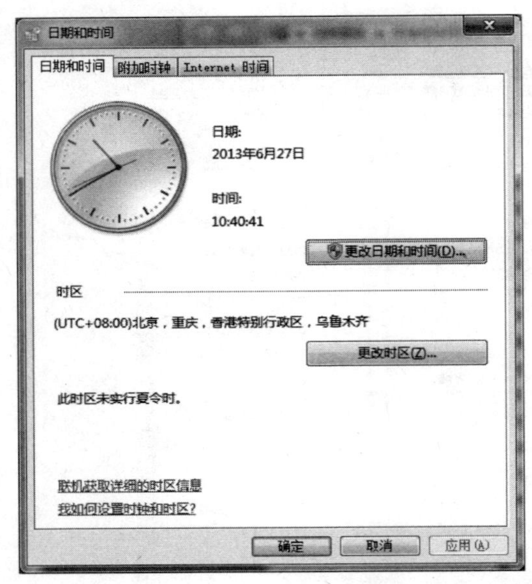

(a)

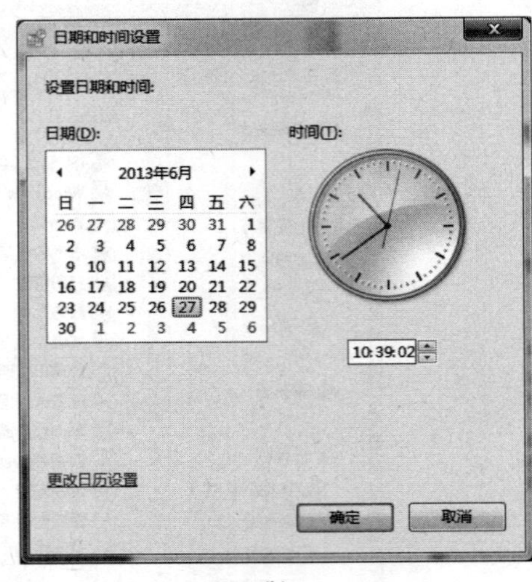

(b)

图 1-49　日期和时间设置

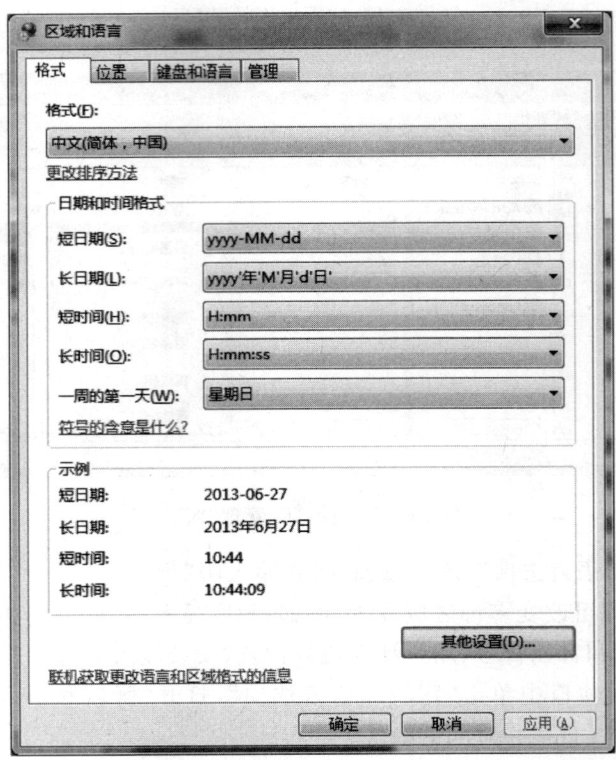

图 1-50　“区域和语言”对话框

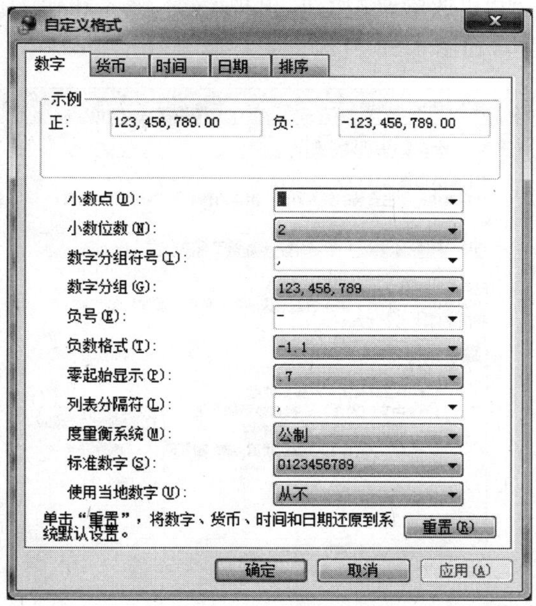

图 1-51 “自定义格式”对话框

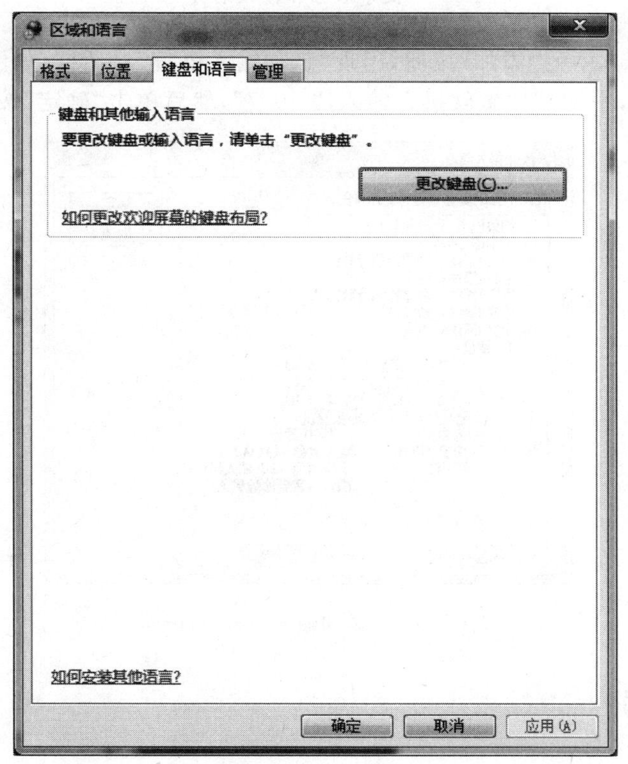

图 1-52 “键盘和语言”选项卡

(4) 单击图1-52中的“更改键盘”按钮,出现“文本服务和输入语言”对话框,对话框中显示已安装的汉字输入法,如图1-53所示。

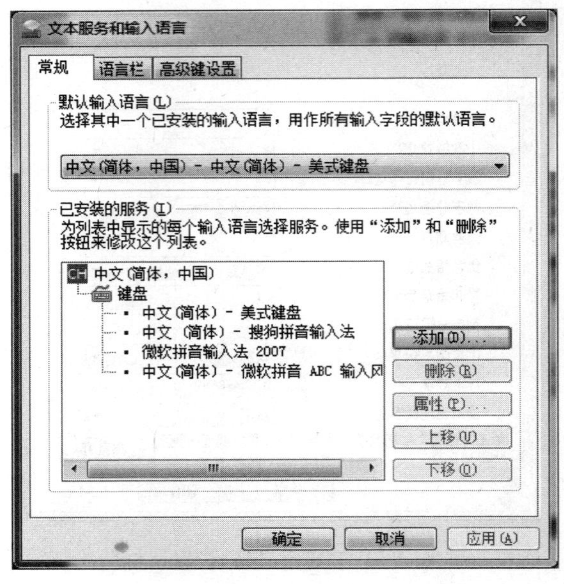

图1-53 “文字服务和输入语言”对话框

(5) 单击图1-53中的“添加”按钮,出现“添加输入语言”对话框,如图1-54所示,在列表中选择“中文(简体,中国)”|“微软拼音输入法2007”,然后单击“确定”按钮。

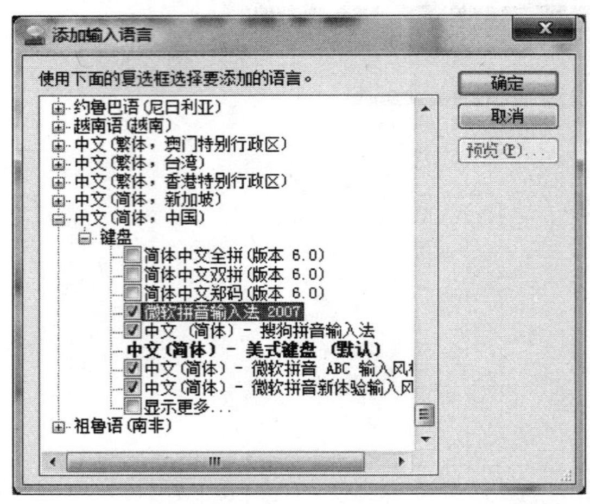

图1-54 “添加输入语言”对话框

2. 附件的使用

1) 画图程序

启动“开始”|“所有程序”|“附件”|“画图”程序,制作一张贺年片并保存为jpg文件,命名为“贺年片”文件,保存在桌面。

2）记事本程序

选择“开始”|“所有程序”|“附件”|“记事本”，录入样文 1-1 中的文字，如图 1-55 所示；然后选择记事本菜单命令“文件”|“保存”，将录入的内容存入“库”中的“文档”，文件名为 LX1-1＊.txt，如图 1-56 所示。

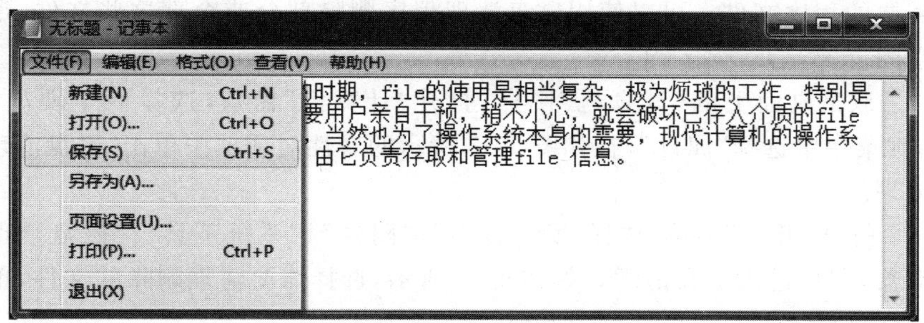

图 1-55　记事本窗口

图 1-56　保存文件

【样文 1-1】

在计算机没有 file 管理系统的时期，file 的使用是相当复杂、极为烦琐的工作。特别是用户 file 的组织和管理常常要用户亲自干预，稍不小心，就会破坏已存入介质的 file。为了用户方便地使用 file，当然也为了操作系统本身的需要，现代计算机的操作系统中都配备了 file 文件系统，由它负责存取和管理 file 信息。

说明：汉字输入时的键盘切换如下。

(1) Ctrl＋空格：在英文状态和汉字输入状态间切换。

(2) Shift＋Ctrl 或 Shift＋Alt：在各种中文输入法间切换。

(3) Ctrl＋·：在中英文标点符号间切换。

(4) Shift+空格：在全角/半角间切换。

3）系统工具的使用

(1) 运行“磁盘清理程序”。

磁盘清理程序搜索计算机的驱动器，然后列出临时文件、Internet缓存文件和可以安全删除的不需要的程序文件。可以使用磁盘清理程序删除部分或全部这些文件，帮助释放硬盘驱动器空间。

方法一：双击桌面上的“计算机”图标，打开“计算机”窗口，选择一个硬盘驱动器，如C:盘，在右键菜单中选择“属性”，在如图1-57所示的属性对话框中单击“磁盘清理”按钮，即开始磁盘清理。

方法二：打开“开始”菜单，选择“所有程序”|“附件”|“系统工具”|“磁盘清理”，选择待清理的驱动器，即可进入磁盘清理。如图1-58所示，选择需要清理删除的文件，单击“确定”按钮即可删除这些文件。

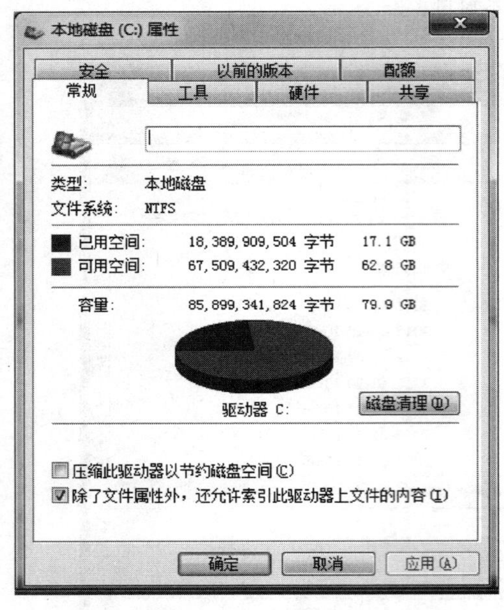

图1-57 磁盘属性

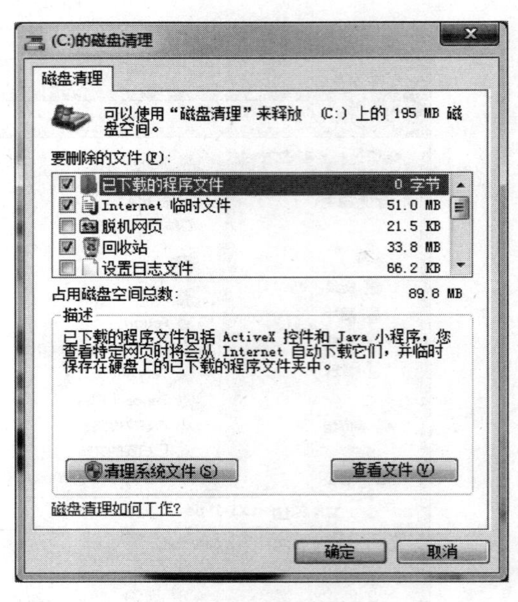

图1-58 “磁盘清理”选项卡

(2) 运行“磁盘碎片整理程序”。

硬盘经过长时间使用后，如果经常存盘和删除文件，那么文件的存放位置就可能变得七零八碎，不是连续在一起，使硬盘读取文件变慢，因此有必要定期(例如：每月一次)对磁盘碎片进行分析和整理。

方法一：选择一个磁盘，在属性对话框中选择“工具”选项卡，如图1-59所示，单击“立即进行碎片整理”按钮。

方法二：选择“开始”|“所有程序”|“附件”|“系统工具”|“磁盘碎片整理程序”，也可以运行磁盘碎片整理程序。

如图1-60所示，单击“磁盘碎片整理”按钮，即开始磁盘碎片整理。该功能需要花费比较多的时间，用户可以随时终止。用户也可以单击“配置计划”按钮，在如图1-61所示的对话框中配置磁盘碎片整理计划，到了规定的时间(如每月第一天的1点)，系统会自动自行碎片整理。

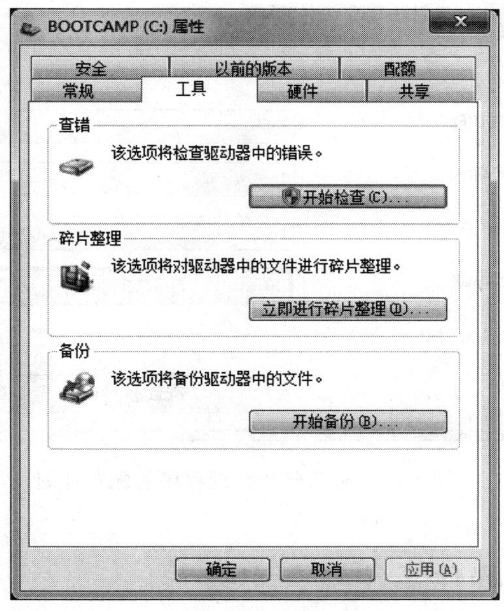

图 1-59　磁盘属性中的“工具”选项卡

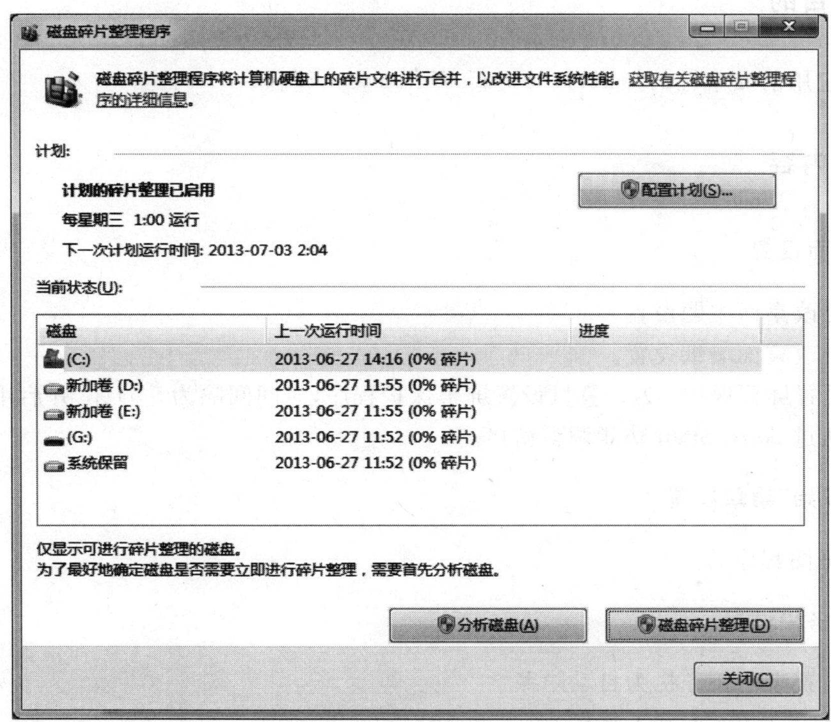

图 1-60　“磁盘碎片整理程序”窗口

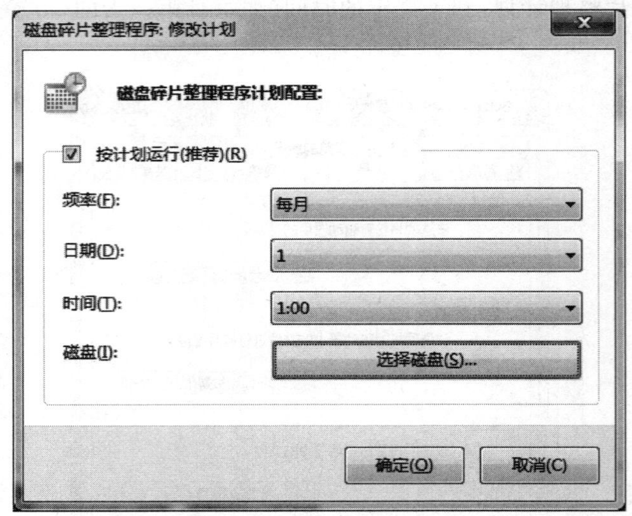

图 1-61　磁盘碎片整理程序的配置计划

实验 4　Windows 操作系统综合实验

一、实验目的

综合应用前面掌握的知识,熟练进行 Windows 7 操作。

二、实验内容

1. 桌面设置

(1) 更改桌面主题设置。
(2) 更改桌面墙纸设置。
(3) 设置屏幕保护:为计算机设置屏幕保护程序,时间间隔为 5 分钟,并启用密码保护。
(4) 通过 Aero Snap 功能调整窗口。

2. "开始"菜单设置

打开画图程序。

3. 任务栏设置

(1) 设置桌面任务栏为自动隐藏。
(2) 将"桌面"设置到工具栏。
(3) 将记事本程序锁定到任务栏。
(4) 改变任务栏图标的显示方式。

(5) 改变任务栏位置到桌面左边。

(6) 在通知区域隐藏扬声器图标和通知。

4. 创建快捷方式

在桌面上为系统自带的计算器创建快捷方式。

5. 设置 jpg 文件的默认打开方式

6. 文件及文件夹操作

(1) 在 D 盘根目录上建立“计算机作业”文件夹,在此文件夹下建立“文字”“图片”两个子文件夹。

(2) 在“文字”文件夹下建立一个文本文件,输入自己的简单信息,命名为“简历”。

(3) 在 C 盘查找所有以“C”开头的 jpg 文件,并选择若干文件复制到“图片”文件夹中。

(4) 删除、还原文件:删除“D:\计算机作业\图片”文件夹中的 jpg 文件,再从“回收站”中恢复这些被删除的文件。

(5) 将“文字”文件夹移动到 D 盘根目录下。

(6) 将名为“简历”的文本文件改名,新名字为自己的学号。

(7) 将文件夹“图片”设置为隐藏文件夹。

(8) 改变文件夹的浏览方式,分别设置为显示和不显示隐藏文件夹,并观察结果。

(9) 改变文件及文件夹的显示方式和排列方式,观察相应的变化。

7. 控制面板操作

(1) 创建一个新用户,身份为计算机管理员,名称自定,并为新用户设置密码。

(2) 不关机切换 Windows 用户,用新创建的用户登录,查看变化。

(3) 查看本机系统设置,查看系统基本配置信息、计算机名等。

(4) 添加一种新的拼音输入法。

8. 附件的使用

(1) 分别通过菜单方式及运行程序方式启动画图程序 mspaint. exe,制作一幅画,并保存到“D:\计算机作业\图片”文件夹下。

(2) 运行磁盘清理程序清理 D 盘中无用的程序。

实验 5 Windows 综合练习

一、实验目的

综合应用前面掌握的知识,熟练进行 Windows 7 操作。

二、实验内容

说明：“素材”文件夹可以向任课老师索取或通过下列地址下载：http://jsjxy.shiep.edu.cn/base/download/sucai2017.zip

打开C:\KS文件夹(如果不存在则自行创建该文件夹)，按要求进行以下操作。

(1) 以新文件名Nbird.jpg复制素材文件夹中win文件夹下bird.jpg文件到C:\KS文件夹下，并设置C:\KS文件夹下的Nbird.jpg文件为隐藏属性。

(2) 在C:\KS文件夹下创建两个文件夹：TESTA、TESTB；在C:\KS\TESTA文件夹下建立子文件夹TETSC，将Windows 7的“帮助与支持”中关于“更改计算机名”的帮助信息内容保存到C:\KS\TESTA\help.txt中。(如果系统没有安装“帮助与支持”，则将help.txt文件中内容改为“中文版Windows 7操作系统”。)

(3) 在C:\KS文件夹下创建一个名为Win的快捷方式，该快捷方式指向“C:\Windows”文件夹，并设置运行方式为最小化。

(4) 在C:\KS文件夹中建立名为mywrite的快捷方式，指向Windows 7的系统文件夹中的应用程序write.exe，并指定快捷键为Ctrl+Alt+Y。

习题

一、选择题

1. 计算机操作系统的功能是________。
   A. 把源程序代码转换成目标代码　　B. 实现计算机与用户间的交流
   C. 完成计算机硬件与软件之间的转换　　D. 控制、管理计算机资源
2. 操作系统是________的接口。
   A. 用户程序和系统程序　　B. 控制对象和计算机
   C. 用户和计算机　　D. 控制对象和系统程序
3. Windows 7操作系统是一个________操作系统。
   A. 单用户、单任务　　B. 多用户、多任务
   C. 多用户、单任务　　D. 单用户、多任务
4. Windows7的桌面是指________。
   A. 当前窗口　　B. 任意窗口　　C. 全部窗口　　D. 整个屏幕
5. 在Windows 7中，右击某对象时，会弹出________菜单。
   A. 控制　　B. 快捷　　C. 应用程序　　D. 窗口
6. 在文件系统中，对文件的存取操作都是采用________。
   A. 按文件内容存取　　B. 按文件名存取
   C. 按文件路径存取　　D. 按文件性质存取
7. 当一个应用程序的窗口被最小化后，该应用程序将________。
   A. 继续运行　　B. 仍然在内存中运行
   C. 被终止运行　　D. 被暂停运行

8. 桌面上已经有某应用程序的图标，要运行该程序，可以________。

A. 单击该图标　　B. 双击该图标

C. 右击该图标　　D. 右键双击该图标

9. 要选定多个连续文件或文件夹的操作为：先单击第一项，然后再________单击最后一项。

A. 按住 Alt 键　　B. 按住 Ctrl 键　　C. 按住 Shift 键　　D. 按住 Del 键

10. 下列 Windows 文件名中，错误的文件名是________。

A. A. B. C　　B. My Program　　C. X＃Y. BAS　　D. E＞F. DOC

11. 关于 Windows 直接删除文件而不进入回收站的操作中，正确的是________。

A. 选定文件后，按 Shift＋Del 键

B. 选定文件后，按 Ctrl＋Del 键

C. 选定文件后，按 Del 键

D. 选定文件后，按 Shift 键，再按 Del 键

12. 在搜索文件或文件夹时，若用户输入"＊.＊"，则将搜索________。

A. 所有含有＊的文件　　B. 所有扩展名中含有＊的文件

C. 所有文件　　D. 以上全不对

13. 在 Windows 7 中，用"创建快捷方式"菜单命令创建的图标________。

A. 可以是任何文件或文件夹　　B. 只能是可执行程序或程序组

C. 只能是单个文件　　D. 只能是程序文件和文档文件

14. 在资源管理器左窗口中，文件夹图标左侧有"＋"标记表示________。

A. 该文件夹中没有子文件夹　　B. 该文件夹中有子文件夹

C. 该文件夹中有文件　　D. 该文件夹中没有文件

15. 任务栏上的内容为________。

A. 当前窗口的图标　　B. 已启动并正在执行的程序名

C. 所有已打开窗口的图标　　D. 已经打开的文件名

16. 在 Windows 资源管理器中选定了文件或文件夹后，若要将它们移动到不同驱动器的文件夹中，操作为________。

A. 按下 Ctrl 键拖动鼠标　　B. 按下 Shift 键拖动鼠标

C. 直接拖动鼠标　　D. 按下 Alt 键拖动鼠标

17. 在 Windows 中，不属于控制面板操作的是________。

A. 更改画面显示和字体　　B. 添加新硬件

C. 造字　　D. 调整鼠标的使用设置

18. 在 Windows 中，打开一个窗口后，通常在其顶部是一个________。

A. 标题栏　　B. 任务栏　　C. 工具栏　　D. 状态栏

19. ________是 Windows 7 推出的第一大特色，它就是最近使用的项目列表，能够帮助用户快速访问历史记录。

A. 跳转列表　　B. Aero 特效　　C. 多点触控技术　　D. 任务栏锁定

20. 在 Windows 资源管理器中，格式化磁盘的操作可使用________。

A. 单击磁盘目标，选择"格式化"命令

B. 右击磁盘目标,选择“格式化”命令
C. 选择“文件”菜单下的“格式化”命令
D. 选择“工具”菜单下的“格式化”命令

21. 在 Windows 7 系统中,“回收站”的内容________。
A. 占用磁盘空间　　B. 不可以永久删除
C. 不可以恢复　　D. 只能在桌面找到

22. 在 Windows 7 的休眠模式下,系统的状态是________的。
A. 保存在硬盘中　　B. 保存在内存中
C. 保存在 U 盘中　　D. 不保存

23. Windows 7 的桌面主题注重的是桌面的________。
A. 颜色　　B. 显示风格　　C. 整体风格　　D. 字体

24. 桌面图标实际上是________。
A. 程序　　B. 文件　　C. 文件夹　　D. 快捷方式

25. 在 Windows 7 资源管理器窗口显示传统的地址栏,可以________。
A. 在地址栏空白处单击　　B. 按 Ctrl 键
C. 按 Alt 键　　D. 按 Shift 键

二、填空题

1. 在 Windows 7 中,Ctrl+X 是________命令的快捷键。
2. 在 Windows 7 中,通过 Aero ________功能,可以在垂直方向上最大化,水平方向保持不变。
3. Windows 7 目前有________个版本。
4. 在 Windows 7 中,借助________,可以快速找到最近使用的文件。
5. 在 Windows 文件系统中,文件的类型可以通过文件的________识别。
6. 在 Windows 7 中,将打开窗口拖动到屏幕顶端,窗口会________。
7. Windows 7 启动后,显示桌面的快捷键为________。
8. 在 Windows 7 的默认设置中,当用户打开多个窗口时,一定会在任务按钮区组合为一个________。
9. Windows7 可以设置桌面图标的大小,除了选择“查看/大(中、小)图标”命令外,还可以在桌面任何位置采用 Ctrl+________鼠标滚轮的方法自由缩放设置。
10. 在 Windows 7 中,各个应用程序之间可通过________交换信息。

第 2 章　Office 2010 办公软件的使用

第一部分　Word 2010 的使用

实验 1　Word 2010 文档的基本操作

一、实验目的

(1) 熟练掌握创建 Word 文档的基本方法；
(2) 全面掌握 Word 操作的基本技能；
(3) 熟练掌握文字编辑、字体格式化、段落格式化的基本方法；
(4) 掌握边框、底纹以及项目符号和编号的基本设置；
(5) 掌握在文档中查找和替换的基本方法。

二、实验内容和步骤

1. 创建新文档

(1) 新建一文档，文档名为"环境保护.docx"；
(2) 在文档中，输入样文 2-1 文本。

【样文 2-1】

环境保护的概念

环境保护(Environmental Protection)是利用环境科学的理论和方法，协调人类与环境的关系，解决各种问题，保护和改善环境的一切人类活动的总称。包括，采取行政的、法律的、经济的、科学技术的多方面的措施，合理地利用自然资源，防止环境的污染和破坏，以求保持和发展生态平衡，扩大有用自然资源的再生产，保证人类社会的发展。

环境保护包含三个层次的意思：

一是对自然环境的保护，防止自然环境的恶化。

二是对人类居住、生活环境的保护，使之更适合人类工作和劳动的需要。

三是对地球生物的保护、物种的保全以及人类与生物的和谐共处。

如何进行环境保护

① 空调冬 18 夏 26 度，全国节电上亿度；

② 灯泡换成节能灯，用电能省近八成；

③ 垃圾分类不乱扔回收利用好再生；

④ 不用电器断电源,节电10%能看见。

环保内容范围

包括地球保护、太空宇宙的保护,生存环境的保持维护。陆地(地形、地貌等)、大气、水、生物(人类自身,森林-植物,动物等)、阳光,自然的、人工外部世界总体的保护。自然、文化遗产的保护。实现:水净,气清,碳低,效高。

(以下操作均在"环境保护.docx"中完成。)

2. 字体格式化

1) 标题的格式化

输入标题"环境保护从我做起";分别查看设置不同标题样式时的预览效果;然后设置标题字体为:华文彩云、22号、文本效果为第3行第4列的效果,居中,字间距加宽5磅,并设置适当的"映像""发光"效果。

(1) 将光标插入点置于第一行行首,输入标题"环境保护从我做起"。

(2) 选中标题行,在"开始"选项卡中的"样式"工具栏(如图2-1所示),单击不同的"标题"样式进行预览。

图2-1 "开始"|"样式"工具栏

(3) 选中标题行,在"开始"|"字体"工具栏中(如图2-2所示)选择"字体""字号""文本效果"等快捷工具进行设置;也可以通过右击,选择快捷菜单中的"字体"选项,打开如图2-3所示的"字体"对话框,进行字体、字形、字号的设置,选中对话框中的"文字效果"按钮,打开图2-4所示的"设置文本效果格式"对话框,设置文本的"映像""发光"效果。

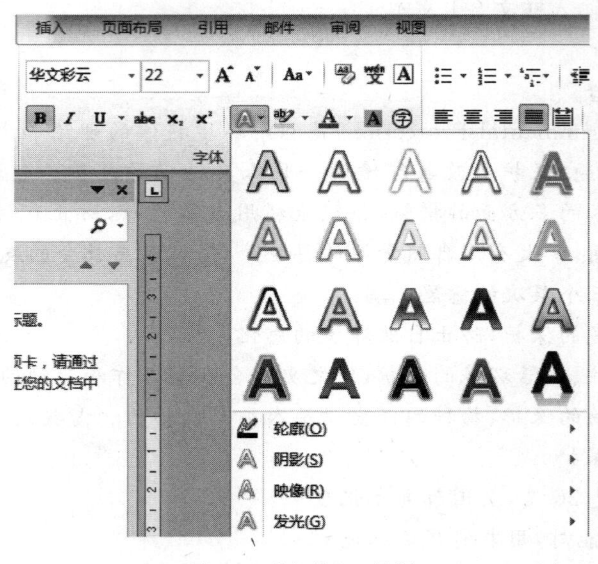

图2-2 "字体"工具栏

图 2-3 “字体”对话框

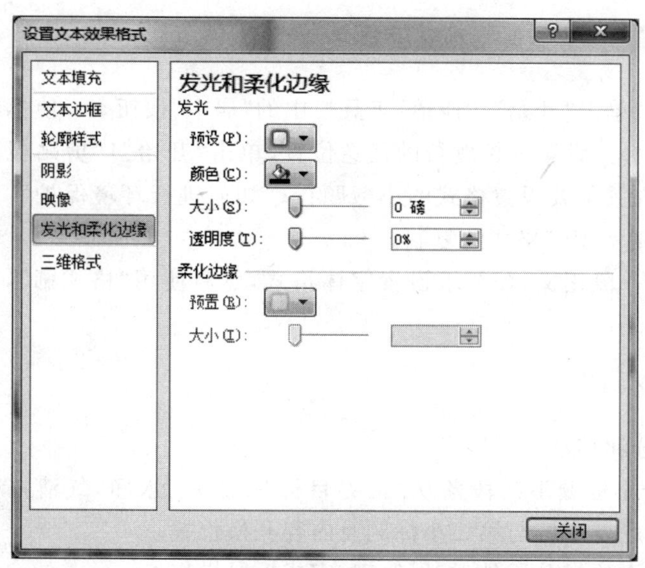

图 2-4 “设置文本效果格式”对话框

(4) 在如图 2-3 所示的“字体”对话框中，选择“高级”选项卡(如图 2-5 所示)，设置“字符间距”为“加宽”，磅值为 5 磅。

(5) 选中标题，单击“开始”|“段落”工具栏中的“居中”按钮，使标题居中。

2) 正文格式化

将各小标题行字体设置成“四号、黑体、居中”，将正文字体设置成“宋体、五号”。

(1) 选中小标题“环境保护的概念”,打开“字体”对话框,对选中的对象进行字体设置。也可以右击,在快捷菜单中的快速工具栏(如图2-6所示)中进行设置。

图2-5 “字体”对话框之“高级”选项卡

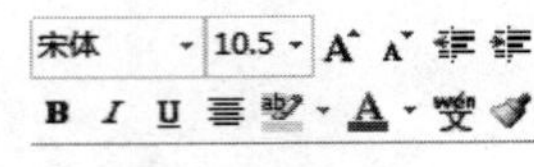

图2-6 字体工具

(2) 选中标题,单击“开始”|“段落”工具栏中的“居中”按钮 ,使标题居中。

(3) 光标停在经过设置的标题行的任意位置,单击“开始”|“剪贴板”选项卡中的“格式刷”按钮 ,然后在其他要设置格式的小标题行(“如何进行环境保护”“环境保护的内容范围”)上进行刷选,则实现了格式的复制。

(4) 选中开始一段正文,按要求设置字体格式,然后使用“格式刷”,对其他自然段实现格式复制。

3. 段落格式化

1) 段落的拆分和移动

将正文第三个小标题下的段落从“最终目标是实现:水净,气清,碳低,效高。”另起一段;实现第三小标题及内容与第二小标题及内容互换位置。

(1) 将光标移至要求分段处,按回车键,完成拆段操作。

(2) 选中第三小标题及内容,按住鼠标拖曳至第二小标题上方,释放鼠标左键,完成自然段互换。

2) 段落格式修饰

给各小标题及正文设置段间距,段前0.5行,段后0.3行,小标题居中对齐;所有正文段落首行缩进两个字符。

(1) 选中第一个小标题,右击,在弹出的快捷菜单中选择“段落”命令,打开如图2-7所示的“段落”对话框。

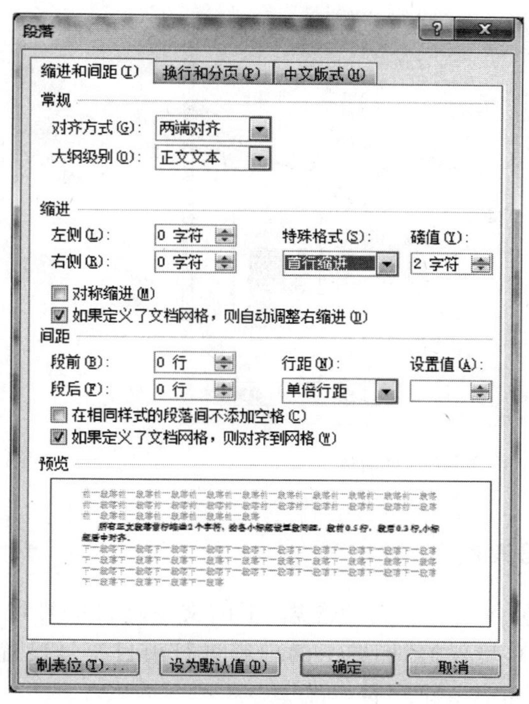

图 2-7 “段落”对话框

(2) 选中第一小标题下的正文，同样打开“段落”对话框，在“缩进”选项下设置左缩进两个字符。

(3) 在“间距”选项下分别设置段间距：段前 0.5 行，段后 0.3 行。

(4) 单击“确定”按钮，关闭“段落”对话框。

(5) 选中已设置的小标题，单击工具栏中的“格式刷”，选中其他小标题下的自然段进行格式复制。

3) 段落分栏、首字下沉

对第一小标题下的第一段进行分栏(两栏)，并设置首字下沉三行字符。

(1) 选中第一自然段。

(2) 打开系统工具栏中的“页面布局”选项卡，在“页面设置”工具栏中选择“分栏”快捷工具，打开如图 2-8 所示的“分栏”下拉选项，或选择“更多分栏”菜单，打开如图 2-9 所示的“分栏”对话框，在该对话框中可以选择需要分的栏数以及分栏是否需要“分隔线”。

(3) 单击系统菜单“插入”|“文本”工具栏中的“首字下沉”按钮，如图 2-10 所示，选择“首字下沉”的样式；或选择“首字下沉选项”菜单，打开“首字下沉”对话框(如图 2-11 所示)，设置下沉的行数。

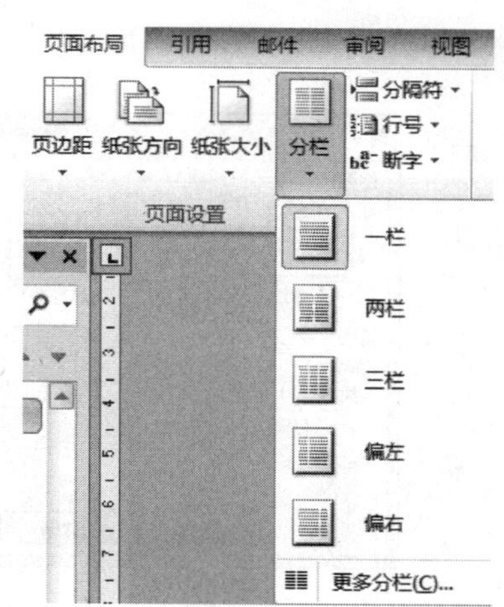

图 2-8 “分栏”下拉选项

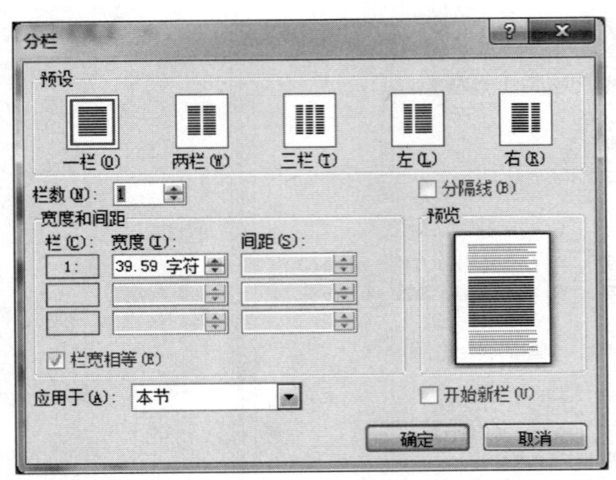

图 2-9 “分栏”对话框

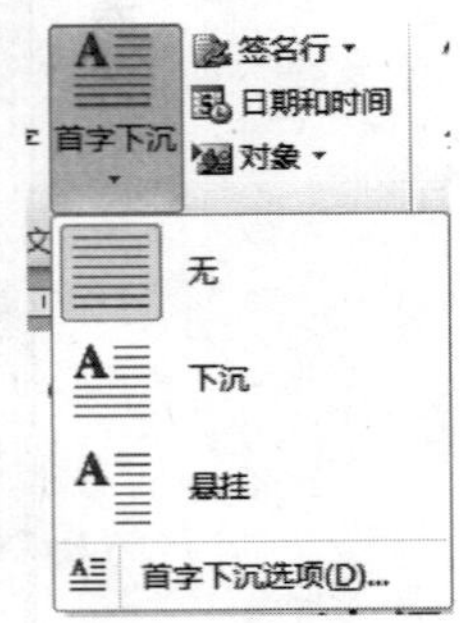

图 2-10 首字下沉样式

4. 项目符号和编号设置

对文中“环境保护包含三个层面的意思”下的文字进行编号设置，编号格式为“1),2),3)……”；对“如何进行环境保护”标题下的内容进行项目符号设置，项目符号为🕮。并对这三段进行左右边界缩进各4个字符。

(1) 选中“环境保护包含三个层面的意思”下的三行文字，单击“开始”|“段落”工具栏中的“编号”按钮，打开如图2-12所示的下拉列表，选择所要求的编号格式；也可以右击，在弹出的快捷菜单中选择“编号”菜单选项，选择所需的编号格式。

图 2-11 “首字下沉”对话框

图 2-12 “编号”样式

(2) 选中“如何进行环境保护”小标题下的内容,在分号处分别按回车键,将该段分为4个自然段,然后鼠标选定这4个自然段。

(3) 单击系统菜单“开始”|“段落”工具栏中的“项目符号”按钮,打开如图2-13所示的“最近使用过的项目符号”列表进行选择。

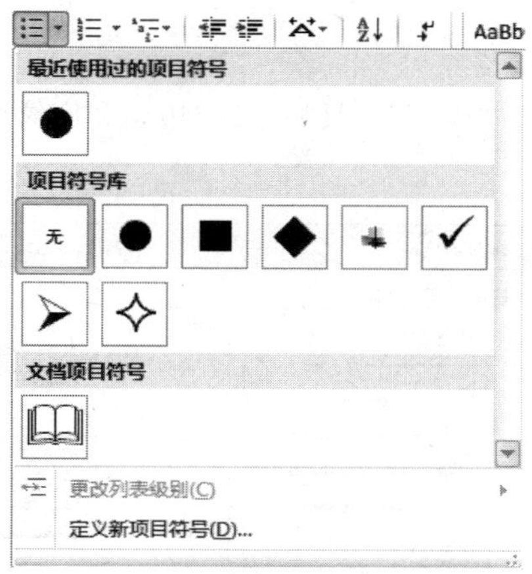

图2-13 “项目符号”样式

(4) 如果选择的项目符号不在其中,则选择“定义新项目符号”选项,打开“定义新项目符号”对话框(如图2-14所示),单击“符号”按钮,弹出“符号”对话框(如图2-15所示),选择字体Wingdings,在出现的符号页中选择🕮符号。然后单击“确定”按钮,最后关闭各个打开的对话框。

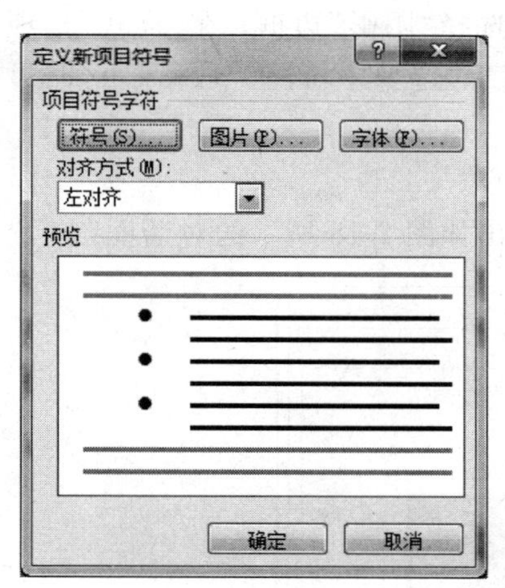

图2-14 “定义新项目符号”对话框

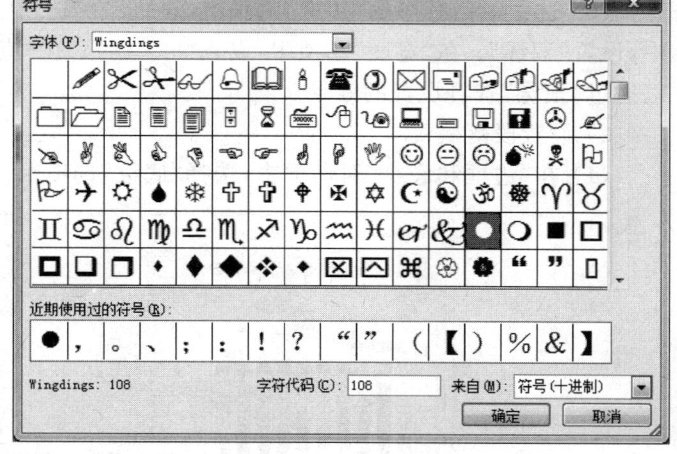

图2-15 “符号”对话框

(5) 选中4段文字,选择“页面布局”选项卡上的“段落”工具栏(如图2-16所示),对“缩进”选项进行设置,左右各缩进4个字符(也可右击,在弹出的快捷菜单中选择“段落”菜单选项进行设置)。

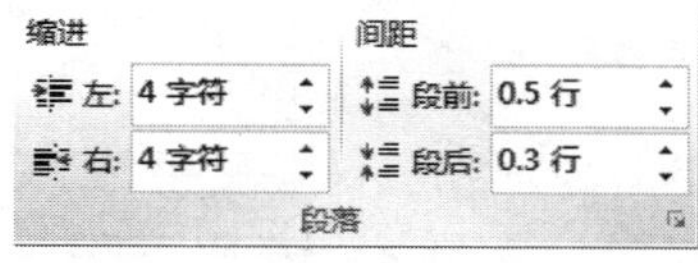

图2-16 “缩进”选项设置

5. 边框底纹设置

对文中小标题“如何进行环境保护”下的4段进行边框底纹设置,边框设置为“阴影”“双线”,线宽为“0.5”磅,底纹设置为“橙色,强调文字颜色6,淡色40%”。

1) 设置段落边框

(1) 选中要设置边框的段落。

(2) 单击系统菜单“开始”|“段落”工具栏中的“边框和底纹”按钮,打开如图2-17所示的“边框和底纹”对话框。

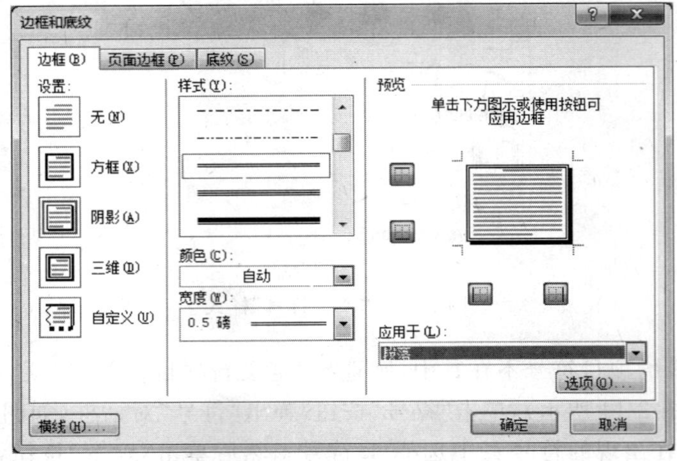

图2-17 “边框和底纹”对话框

(3) 选中对话框中的“边框”选项卡,在“设置”选项中,选择“阴影”边框;在“样式”选项中,设置“双线”;在“宽度”选项中,设置“0.5磅”;在“应用于”选项中,设置“段落”,这时可以通过“预览”查看设置的效果。

2) 设置段落底纹

(1) 在“边框和底纹”对话框中,选择“底纹”选项卡,弹出如图2-18所示的对话框。

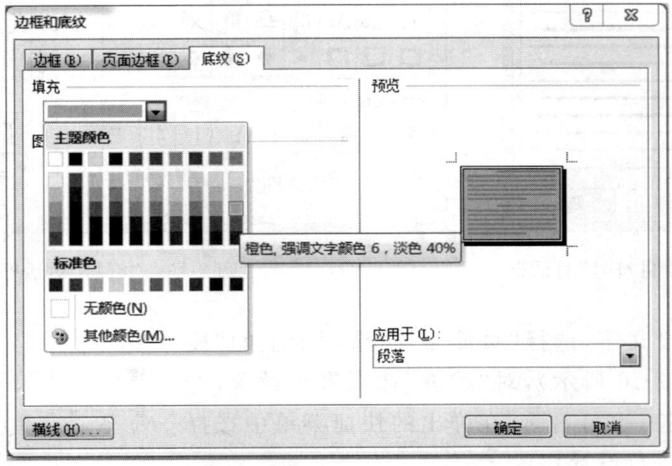

图2-18 “底纹”选项卡

（2）在该选项卡下，设置“填充”选项为“橙色，强调文字颜色6，淡色40%”，如有底纹图案要求，可以进一步设置图案样式。最后选择“应用于”为“段落”。

（3）单击“确定”按钮，退出“边框和底纹”对话框。

6. 查找和替换

查找并替换正文中所有“环境”（不包括小标题），将这两个字格式替换成“加粗、倾斜，并带有点式粗下画线”。

（1）将光标移至正文起始位置。

（2）单击系统菜单“开始”|“编辑”工具栏中的“替换”按钮，弹出如图2-19所示的“查找和替换”对话框。

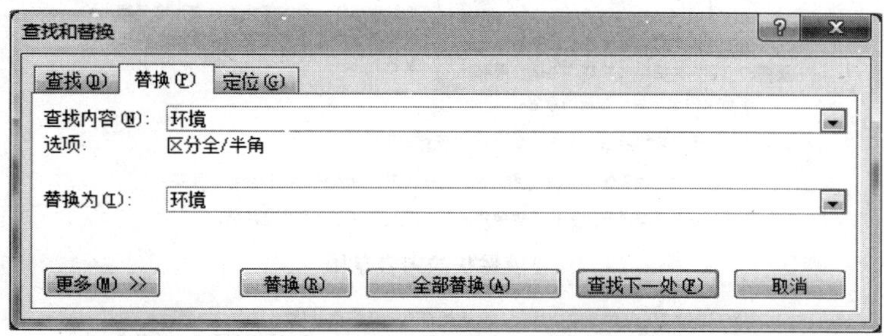

图2-19 “查找和替换”对话框

（3）在该对话框中单击“更多”按钮，则弹出如图2-20所示的带有高级替换选项的对话框。

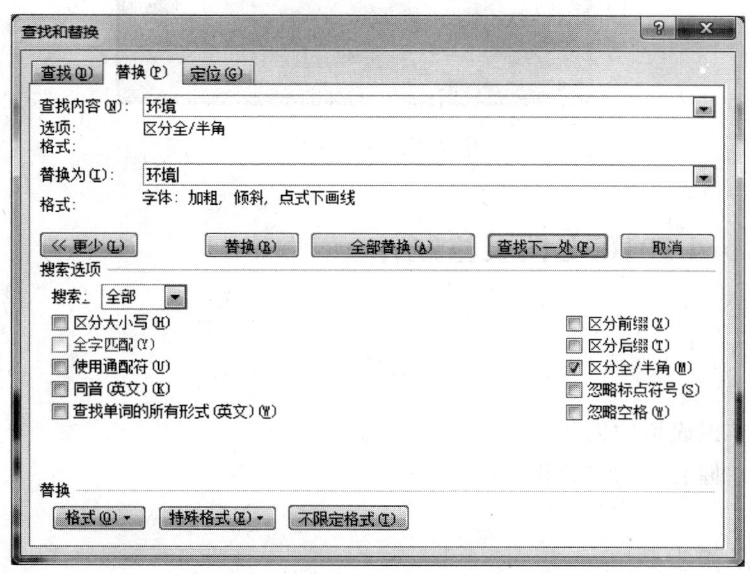

图2-20 “查找和替换”对话框（高级选项）

（4）在“查找内容选项”中，输入要查找的字符“环境”；在“替换为”选项中，输入要替换的内容“环境”。

(5) 光标停留在"替换为"文本框中。

(6) 单击"格式"按钮,弹出"字体"对话框,在"字体"对话框中,设置要更改的格式"加粗、点式下画线";并确定返回"查找与替换"对话框。

(7) 单击"替换"按钮,对每一处找到的"环境"进行替换(注意要跳过小标题中的"环境");如果没有任何要求,则可以单击"全部替换"按钮,进行全文替换。

设置完成后,文档格式效果如图 2-21 所示。

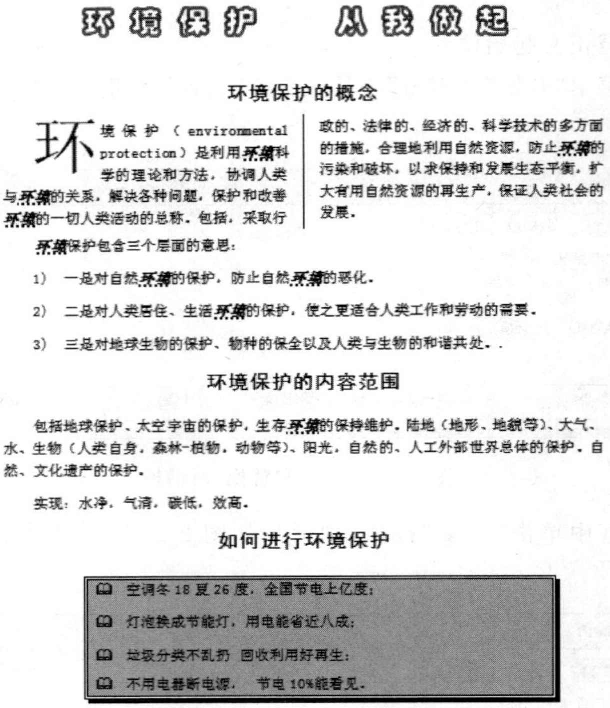

环境保护　从我做起

环境保护的概念

环境保护(environmental protection)是利用**环境**科学的理论和方法,协调人类与**环境**的关系,解决各种问题,保护和改善**环境**的一切人类活动的总称。包括,采取行政的、法律的、经济的、科学技术的多方面的措施,合理地利用自然资源,防止**环境**的污染和破坏,以求保持和发展生态平衡,扩大有用自然资源的再生产,保证人类社会的发展。

环境保护包含三个层面的意思:

1) 一是对自然**环境**的保护,防止自然**环境**的恶化。

2) 二是对人类居住、生活**环境**的保护,使之更适合人类工作和劳动的需要。

3) 三是对地球生物的保护、物种的保全以及人类与生物的和谐共处。.

环境保护的内容范围

包括地球保护、太空宇宙的保护,生存**环境**的保持维护。陆地(地形、地貌等)、大气、水、生物(人类自身,森林-植物,动物等)、阳光,自然的、人工外部世界总体的保护。自然、文化遗产的保护。

实现:水净,气清,碳低,效高。

如何进行环境保护

- 空调冬 18 夏 26 度,全国节电上亿度;
- 灯泡换成节能灯,用电能省近八成;
- 垃圾分类不乱扔 回收利用好再生;
- 不用电器断电源,　节电 10%能看见。

图 2-21　实验 1 样张

实验 2　Word 2010 文档表格制作

一、实验目的

(1) 熟练掌握表格的创建;

(2) 熟练掌握表格的格式化。

二、实验内容和步骤

1. 制作表格

制作如样文 2-2 所示的表格,按照样文录入文字。

【样文 2-2】

世界主要城市气温表

单位：℃

城市 月份	北京	香港	巴黎	伦敦	莫斯科	纽约
二月	4/—8	17/13	7/1	7/2	—5/—13	4/—2
一月	1/—10	18/13	6/0	7/2	—9/16	4/—3
三月	11/—1	19/16	11/2	11/9	0/—8	9/1
四月	21/—7	24/19	16/5	13/4	10/1	15/6

(1) 选择“插入”|“表格”工具选项，在“表格”按钮下拉菜单中(如图 2-22 所示)选择要创建的表格形式，单击列表菜单中的“插入表格”命令，弹出如图 2-23 所示的“插入表格”对话框。

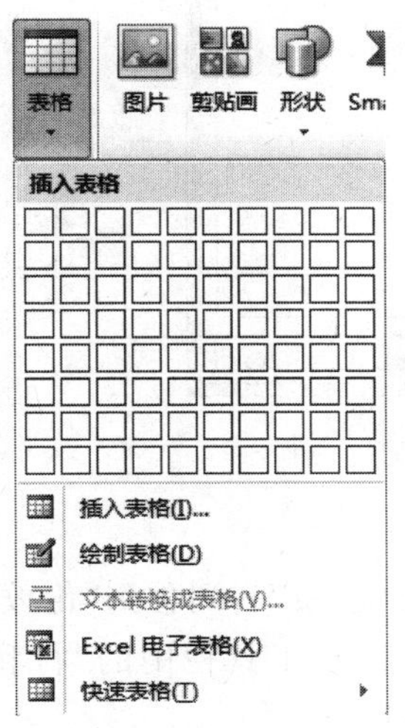

图 2-22 “表格”下拉菜单

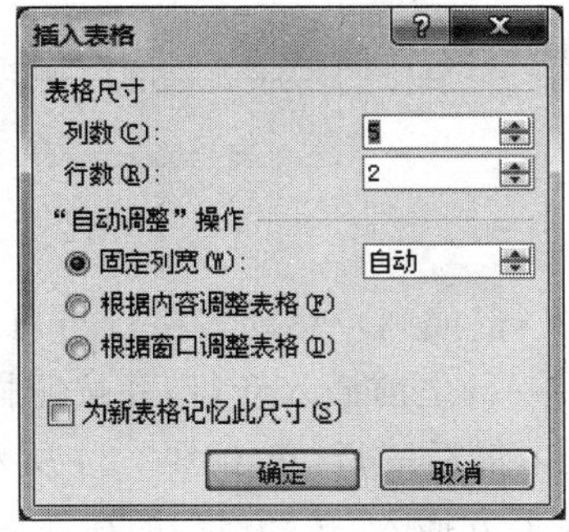

图 2-23 “插入表格”对话框

(2) 在表格尺寸中，对列数和行数进行设置，这里输入 8 列 5 行。

(3) 录入文字：将插入点放在单元格中，录入文字，不要按回车键，按 Tab 键或光标键移动光标。

2. 调整表格

1) 按样文适当调整行高和列宽

(1) 将光标放在第一行下表线上，向下拖鼠标调整第一行高度。

(2) 选中第二行至最后一行，这时系统工具栏将切换成“表格工具”的设计和布局模式(如图 2-24 所示)，选择工具栏中的“单元格大小”，设置单元格的高度和宽度。

(3) 也可以单击表格工具布局模式下“表”工具栏中的“属性”按钮，打开“表格属性”对话框(如图 2-25 所示)，在“行”选项卡上，设置行高为 0.4 厘米；选择“列”选项卡，同样方法设置列宽为 1.6 厘米。

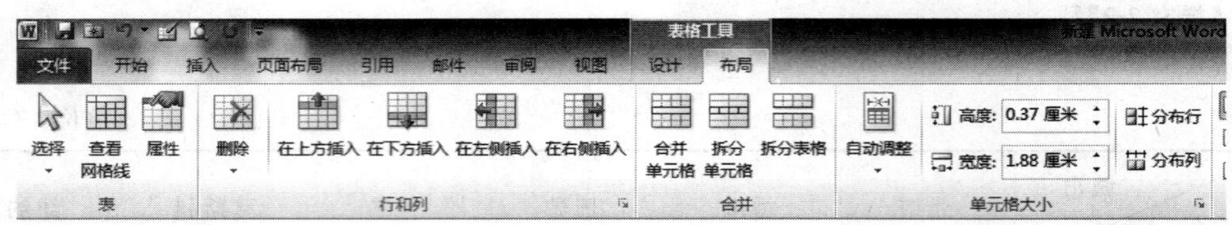

图 2-24 “表格工具”的设计和布局模式

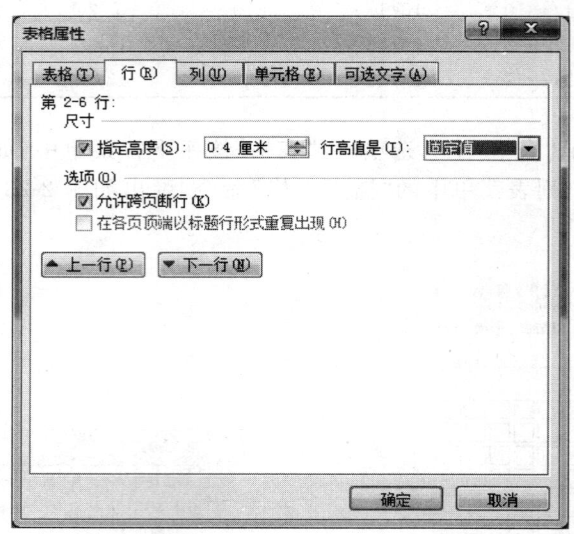

图 2-25 “表格属性”对话框

2) 插入行(或列)/移动表格行与列

在最后一行之前插入新行,并按照样文录入文字。将“巴黎”一列移到“伦敦”一列之后。

(1) 选中最后一行,单击图 2-24 所示“表格工具”|“布局”工具栏中的“行和列”工具按钮,单击“在上方插入”按钮,即在最后一行之前插入一行。

(2) 移动行:选中第三行并剪切,然后将其粘贴到第二行;粘贴的时候“以新行的形式插入”,如图 2-26 所示。

粘贴选项:

以新行的形式插入(R)

图 2-26 行“粘贴”

(3) 移动列:选中“巴黎”一列并剪切,然后将其粘贴到“莫斯科”一列处。在这里同样“以新列的形式插入”。

3）合并单元格和在表格中画分割线

合并“城市”和“月份”单元格，并按样文在“城市月份”处画斜线。

（1）合并单元格

选中两个或多个连续单元格，单击如图 2-24 所示“表格工具”|“布局”中“合并”工具栏中的“合并单元格”按钮，则实现单元格的合并；右击，在弹出的快捷菜单中选择“合并单元格”菜单选项对单元格进行合并。

（2）画斜线

单击图 2-24 所示“表格工具”|“设计”工具栏中“绘制表格”工具按钮的铅笔画斜线；用添加文本框或图形的方式绘制斜线表头。

3. 对表格格式化

1）按样文为表格添加边框线

（1）选中表格。

（2）右击，在弹出的快捷菜单中选择“边框和底纹”选项，打开如图 2-27 所示的“边框和底纹”对话框；也可以单击“表格属性”对话框（如图 2-25 所示）“表格”选项卡中的“边框和底纹”按钮，打开“边框和底纹”对话框，选择线型、颜色、线的宽度和边框样式。

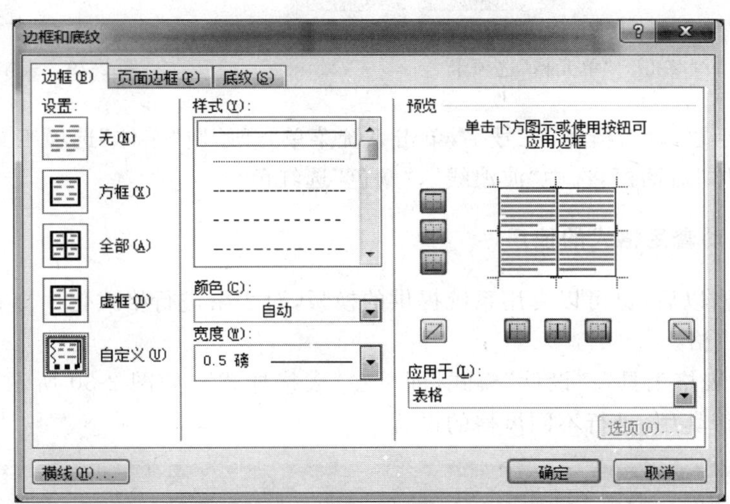

图 2-27 “边框和底纹”对话框

（3）在该对话框中的“应用于”选项下选取“表格”。

（4）单击“确定”按钮，即对所选表格进行的边框设置。

注意：当对单元格的边界设置不同的线型时，要先选中该单元格（组），然后在单元格的四周进行设置。

2）表格内文字居中对齐，表格标题格式化

表头文字按样文垂直居中对齐，字体、字型和字号与样文保持一致。将表标题设为楷体加粗三号字，并设为红色加波浪线。

（1）选中表格。

(2) 打开“表格属性”对话框,选择“单元格”选项卡(如图2-28所示),对表格文字进行对齐设置;也可以根据“表格工具”中的“布局”工具栏(如图2-29所示)进行文字对齐方式调整。

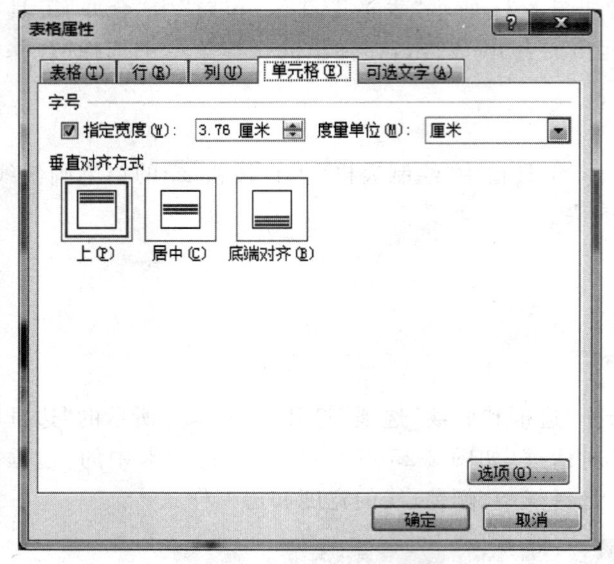

图2-28 “单元格”选项卡

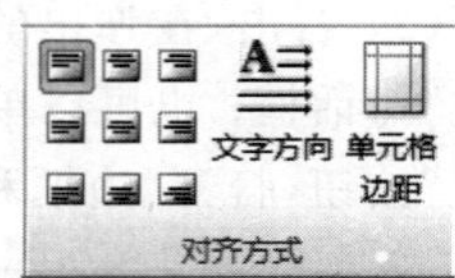

图2-29 表格单元“对齐方式”

(3) 录入标题,设为楷体,三号字,单击系统菜单“开始”|“字体”选项工具栏中的工具按钮,或打开“字体”对话框,选中“波浪线”,“颜色”选红色。

4. 表格自动套用格式的使用

制作好表格以后,也可以套用系统提供的模板,对表格进行格式化。

(1) 选中表格。

(2) 选择“表格工具”|“设计”模式,即可在“表格样式”(如图2-30所示)工具栏中选用合适的样式进行套用,进行不同风格的设置。

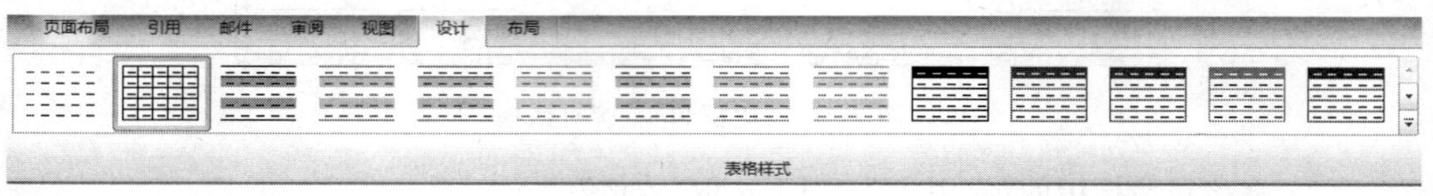

图2-30 “表格样式”工具栏

(3) 如果想自己添加修改样式,还可以打开“表格样式”工具栏的下拉按钮,选取“修改表格样式”选项,进行自定义表格样式。

需要说明的是,对表格的所有操作,首先要选中表格,然后才能进行格式化的操作,另外,对表格对象的格式化方式不是唯一的,不但可以根据菜单栏中提供的工具进行,有时还可以右击,在弹出的快捷菜单(如图2-31所示)中对表格的各项内容进行格式化。

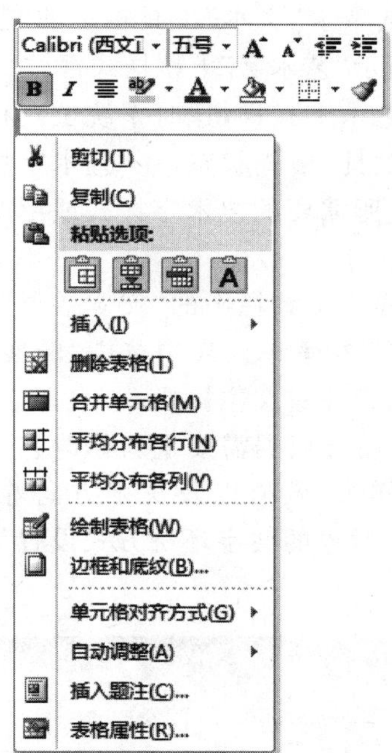

图 2-31 “表格”格式化快捷菜单

实验 3 Word 2010 文档的高级排版

一、实验目的

(1) 熟练掌握在文档中插入艺术字、文本框、图片或剪贴画、SmartArt 等对象的方法；
(2) 熟练掌握公式的插入和编辑的方法；
(3) 熟练掌握页眉、页脚、日期时间等对象的插入方法；
(4) 熟练掌握页面排版方式。

二、实验内容和步骤

1. 插入对象

Word 提供的对象有很多种。除了前面实验介绍的最基本的文字、段落以及表格对象以外，还存在各种对象的插入：艺术字、图片、公式以及图形、文本框等。

打开实验 1 完成的“环境保护.docx”，将文档另存为“环境保护 1.docx”，准备做如下操作。

1) 插入“艺术字”

将标题文本“环境保护从我做起”设置成艺术字体。

(1) 选中标题文字。

(2) 单击系统菜单“插入”选项卡“文本”工具栏上的“艺术字”按钮，打开如图2-32所示“艺术字”下拉样式框。

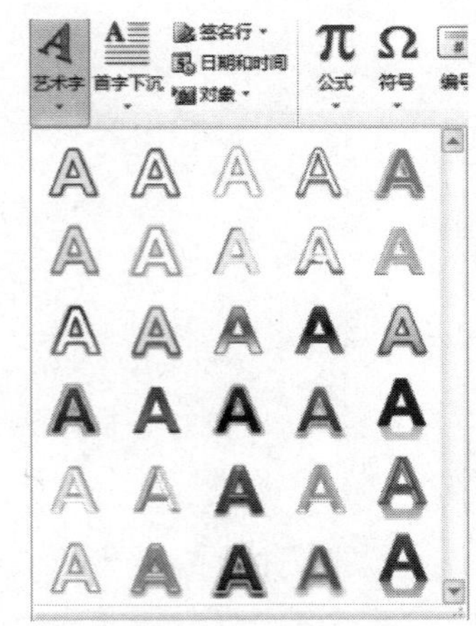

图2-32 “艺术字”样式

(3) 选择第4行第4列的艺术字式样，这时系统工具栏将切换成如图2-33所示“绘图工具”格式状态，在“艺术字样式”工具栏中可以根据需要设置所需要的艺术字样式或更改艺术字样式。

(4) 选中图2-33“艺术字”样式工具栏中的“文本效果”，出现如图2-34所示的工具列表；在菜单列表中选中“转换”选项，选中“双波形2”样式，则可以观察文本样式。

(5) 艺术字设置完成之后，还要根据需要重新修改艺术字的字体、大小、高度、间距等样式、效果以及文字方向等。在此处，可以将设置好的艺术字对象的文字环绕方式设置为“嵌入式”。

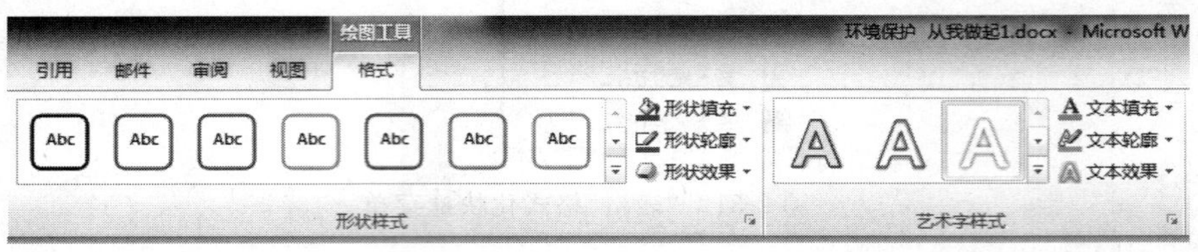

图2-33 “艺术字”样式工具栏

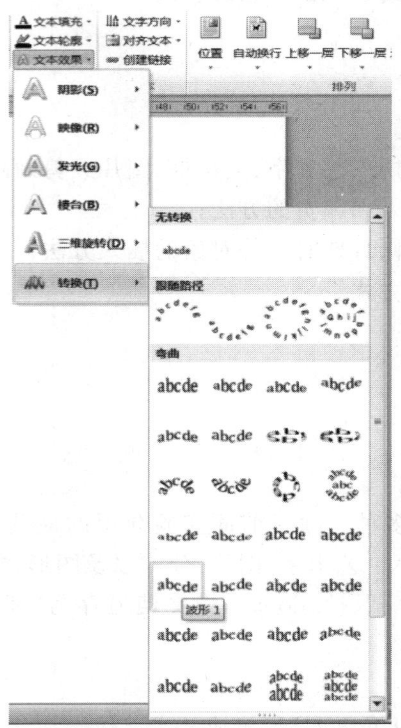

图2-34 “艺术字”文本效果菜单选项

2）插入文本框

将文中"环境保护包含三个层面的意思……"一段设置成"文本框"效果，并设置文本框的边框和底纹，如图 2-35 所示。

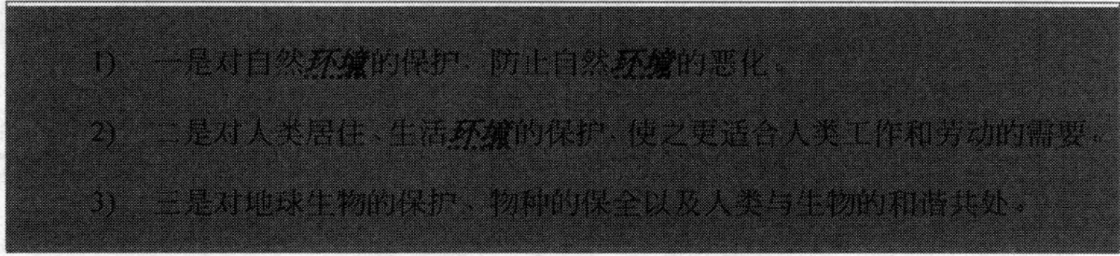

图 2-35 "文本框"样例

（1）将要放在文本框中的文字段落进行剪切，单击系统菜单"插入"选项卡中"文本"工具栏上的"文本框"工具按钮，出现文本框样式列表（如图 2-36 所示）。

图 2-36 文本框样式列表

（2）选择列表中的"绘制文本框"选项，这时鼠标将变成十字形工具，在文档空白处拖曳鼠标，将出现矩形框（文本框），文本框周围出现 8 个白色的空心小点，可通过该小圆点，调整文本框的大小。

(3) 选中文本框,将文字粘贴至该文本框中。

(4) 选中文本框,系统工具栏将切换成"绘图工具"格式状态(如图 2-37 所示),在"形状效果"中选择"发光"效果,在"映像"中选择"半映像"效果。

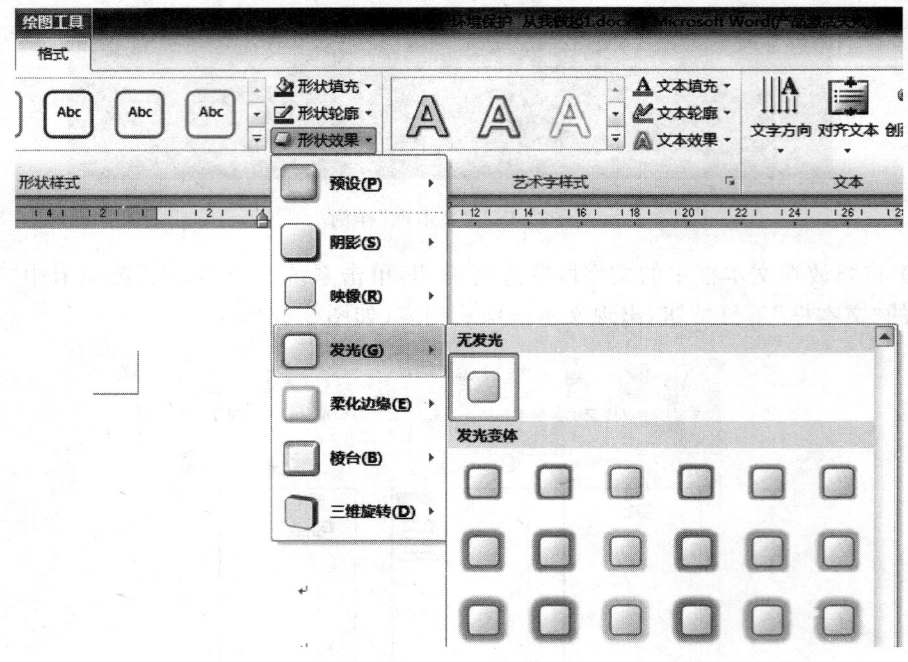

图 2-37 文本框形状效果

(5) 对文本框的底纹和边框进行设置,可以利用"绘图工具"格式选项卡中的"形状样式"工具,选取要添加的底纹样式,设置要添加的底纹颜色,观察效果。

注意:如果要在文中插入"竖排文本"的效果,则选中文本后,单击工具栏中的"竖排文本框"按钮,实现文本的竖排效果,在此不再赘述,请自行练习并查看效果。

3) 插入"图片"

在文中插入一图片文件,并调整图片的大小为 3×4。采用不同版式,对图片进行设置,观察效果。

(1) 选定要插入图片的位置。

(2) 单击系统菜单"插入"|"插图"中的"剪贴画"按钮;在弹出的"剪贴画"对话框中选中一幅图片,进行双击,则图片被插入。

(3) 选择该图片,则系统工具栏将切换成"图片工具"格式状态(如图 2-38 所示)。

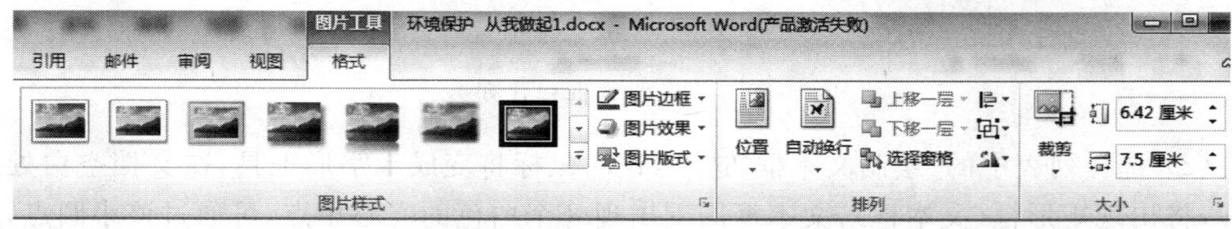

图 2-38 "图片工具"格式工具栏

(4) 拖动如图 2-37 所示"大小"选项卡右下角的箭头，弹出如图 2-39 所示的"布局"对话框，在对话框中设置图片高度为 3×4，不锁定纵横比；工具栏中也可以设置图片的高度和宽度，但是这个高度和宽度都是锁定纵横比的；鼠标拖动图片四周的控制点也可以改变图片的大小；如图片需要剪裁，可以单击工具栏中的"剪裁"按钮。

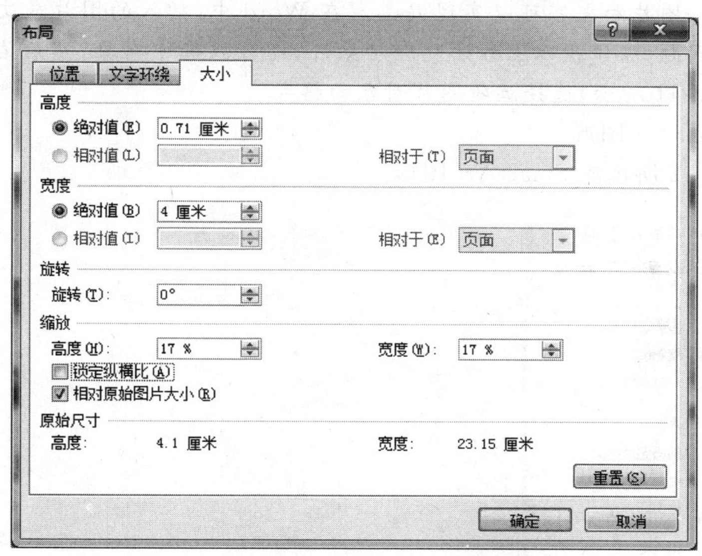

图 2-39 "布局"对话框

(5) 由于图片要和文字进行混排，选择"布局"对话框中的"位置"和"文字环绕"选项卡(如图 2-40 所示)，可以对图片和周围文档的位置关系进行选定，在样张中选择的是"中间居左，四周型文字环绕"；在如图 2-38 所示的工具栏中"位置"按钮和"自动换行"按钮也可以设置此内容。

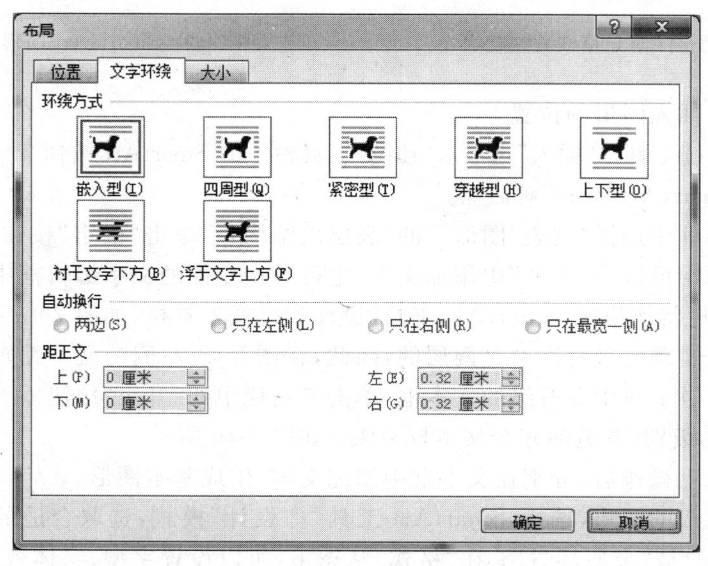

图 2-40 "文字环绕"选项卡

(6) 根据需要在“图片样式”工具栏中选取图片边框、设置图片效果以及图片版式等;观察效果。

注意:插入的图片有版式存在:一种是“嵌入型”,选择该类版式时,图片周围是8个黑实心点,这时图片和文字可以在一行,但左右边没有文字环绕;另一种方式是“环绕方式”,选择该类版式时,图片和文字可以实现混排。在Word中,插入的图片或文本框都存在“文字环绕”方式的问题,除了用以上方法处理对象外,还可以选中对象,然后右击,在弹出的快捷菜单中(如图2-41所示)选择编辑图片对象的格式。

4) 插入SmarArt图形

插入如图2-42所示的SmartArt图形。

图2-41 “图片”对象格式化快捷菜单

图2-42 SmartaArt图形样张

(1) 选定要插入图形的位置。

(2) 单击系统工具栏“插入”选项卡“插图”工具栏中的SmartArt按钮 ;弹出如图2-43所示的“选择SmartArt图形”对话框。

(3) 在对话框中选择“列表”图形下的“表层次结构”后单击“确定”按钮;出现如图2-44所示图形;在图中可以在“形状”中添加文本,也可以在左侧的文字编辑框中添加文本内容;此时,系统工具栏将切换成“SmartArt工具”设计和格式工具栏(如图2-45所示)。

(4) 由于要实现的最终图形是两层的,因此,在图2-44左侧的文本编辑框内,要改变各级文本的显示层次;选中要升级的文本框,单击工具栏中的“升级”按钮 升级,可以提升当前选中文本框的级别,并删除多余文本框对象;如图2-46所示。

(5) 完成以上操作后,分别在文本框中添加文本,生成基本图形。

(6) 选中生成的图形,选择“SmartArt工具”|“设计”模式,选取合适的SmartArt图形样式,此处选择的是“金属场景”;在“格式”状态下,可以设置字型、字体效果、边框样式、底纹等。

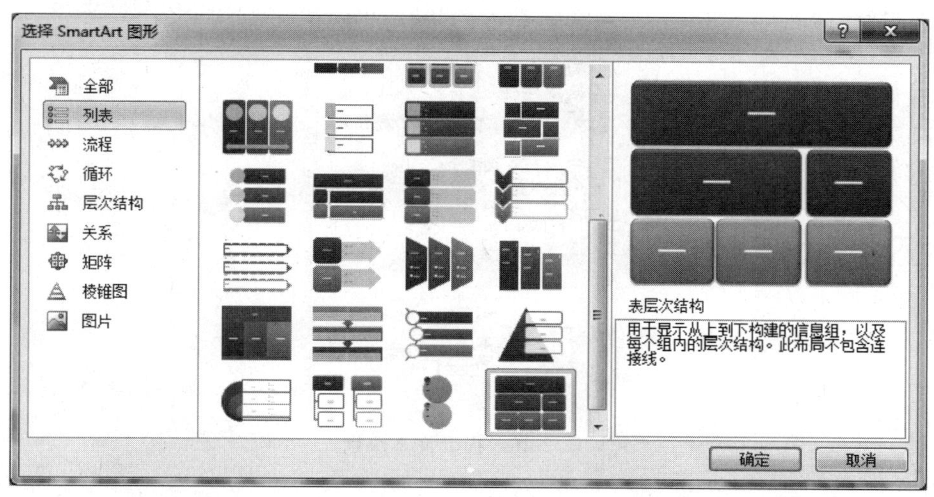

图 2-43 “选择 SmartArt 图形”对话框

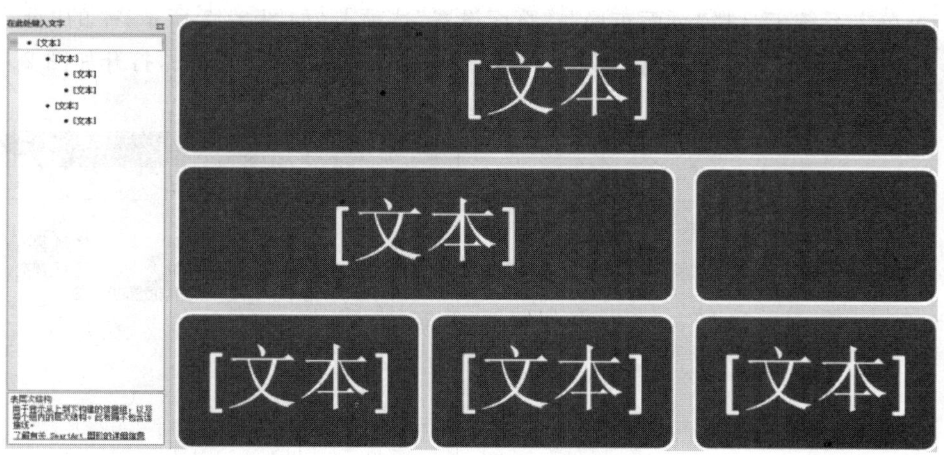

图 2-44 SmartArt 图形编辑状态

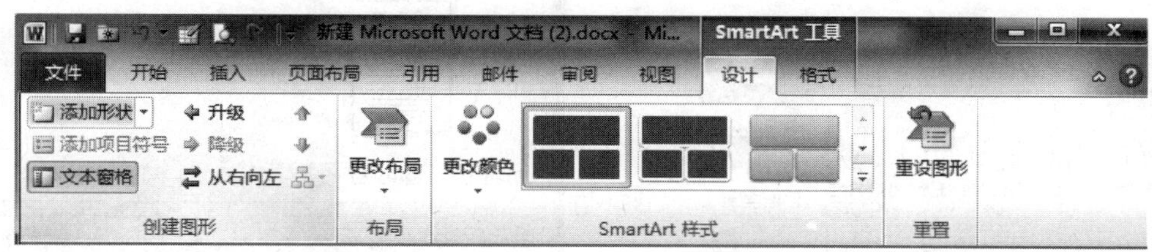

图 2-45 “SmartArt 工具”设计和格式工具栏

2. 页面排版

对于整个设置好各类对象的文档，有时还需要调整页面的样式，调整页面样式包括页面设置、页面版式等。

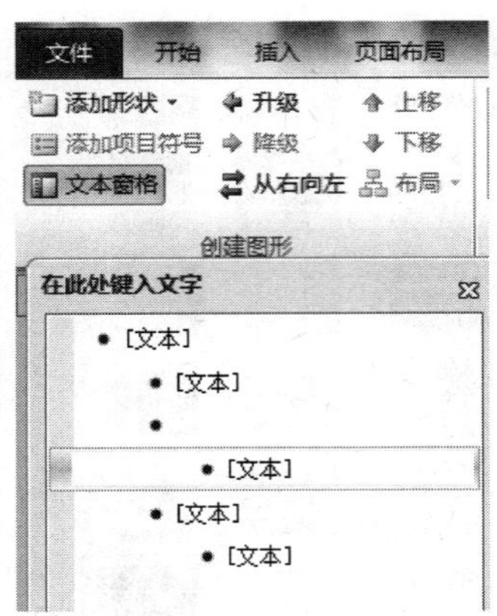

图 2-46　提升文本级别

1）设置页边距

打开文档，将文档页边距左右设置成 4 厘米。

(1) 单击系统工具栏“页面布局”|“页面设置”选项卡(如图 2-47 所示)中的“页边距”按钮，可以选定样式进行页边距的设定，也可以单击工具栏右下角箭头，打开如图 2-48 所示的“页面设置”对话框。

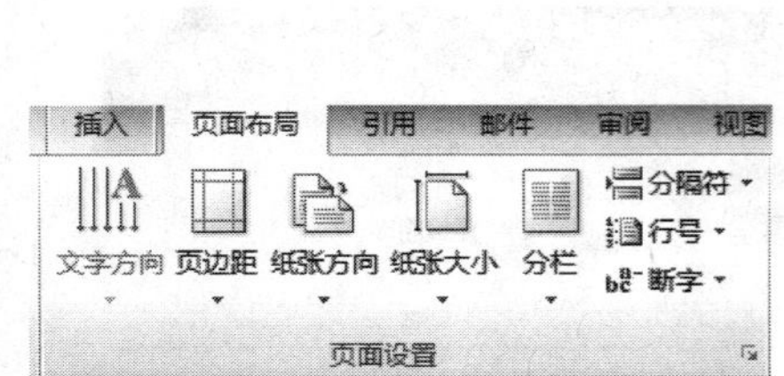

图 2-47　“页面布局”工具栏

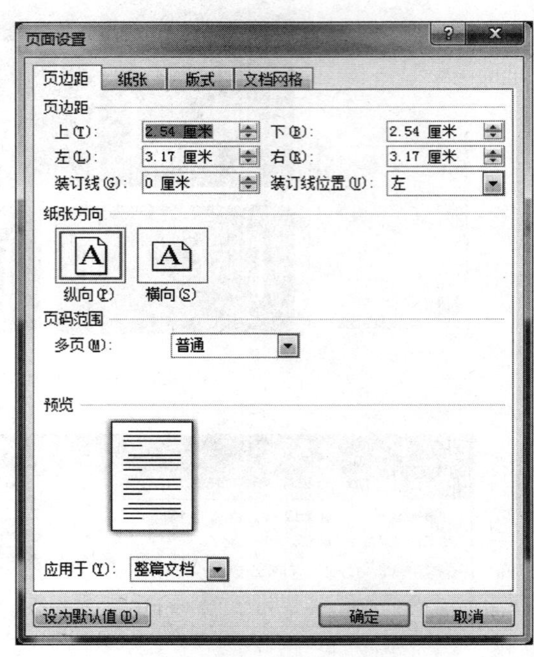

图 2-48　“页面设置”对话框

(2) 选择“页边距”选项卡，对左右边界各设置为“3.17 厘米”。

(3) 单击“确定”按钮。

2）设置页眉、页脚

对文档设置“页眉、页脚”，页眉内容为“环境保护从我做起”，并设置字体为楷体、小四、居中；页脚设置为当前日期。

(1) 单击系统工具栏“插入”|“页眉和页脚”选项卡中的“页眉”按钮，选择已有的页眉样式或选择“编辑页眉”菜单选项。

(2) 当选择“编辑页眉”选项时，系统工具栏将切换至“页眉和页脚工具”设计模式（如图 2-49 所示），同时页面显示如图 2-50 所示。

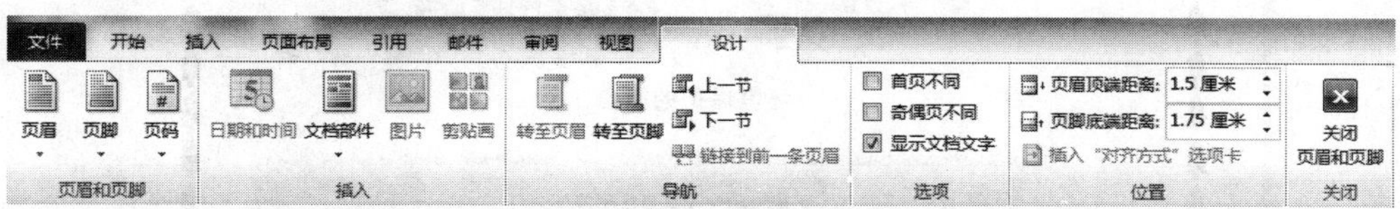

图 2-49 “页眉和页脚工具”设计模式

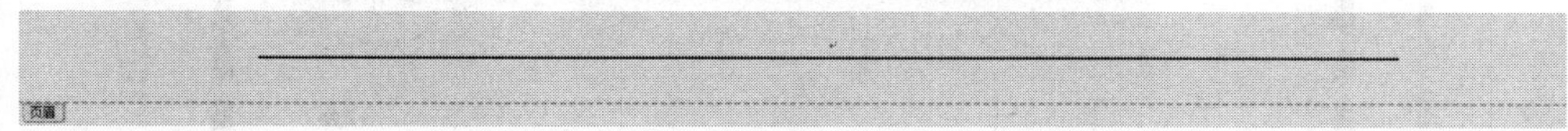

图 2-50 “页眉”编辑模式

(3) 在页眉栏中输入“环境保护从我做起”，并按照要求更改字体大小和格式。

(4) 在如图 2-49 所示的工具栏中，单击“转至页脚”按钮，则转至页脚编辑模式。

(5) 在“页脚”中插入当前日期。

(6) 关闭“页眉页脚”工具栏。

3) 设置页面边框

对整个页面设置页面边框。

(1) 单击系统工具栏“页面布局”|“页面背景”选项卡中的“页面边框”按钮，打开如图 2-51 所示的对话框。

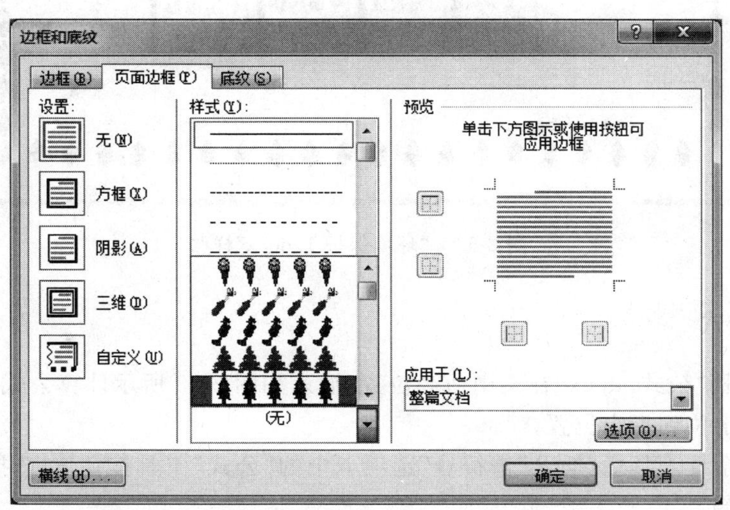

图 2-51 “边框和底纹”对话框

(2) 在“页面边框”选项卡中，可以对整个页面设置方框等；在“样式”列表框内，可以选择各类图形，从而对整个页面设置漂亮的页面边框。设置好的样张如图 2-52 所示。

图 2-52 “环境保护 1. docx”样张

3. 插入公式

新建一文档“公式. docx”在文中适当位置，插入如图 2-53 所示计算公式。

(1) 光标定位到指定位置。

(2) 单击系统工具栏“插入”|“符号”选项卡中的“公式”工具按钮 π，选择系统提供的公式样式进行编辑.

(3) 若要自己创建新公式，则选择“插入新公式”菜单选项，弹出如图 2-54 所示的公式编辑框；同时系统工具栏将切换至“公式工具”设计模式(如图 2-55 所示)。

(4) 在公式工具栏中，选取要求的“积分”模板，输入公式。

设 $F(y)=\int_{y}^{y^{2}} e^{-xy}\,\mathrm{d}x$，试求 $F'(y)$

图 2-53 插入公式样例

图 2-54 公式编辑框

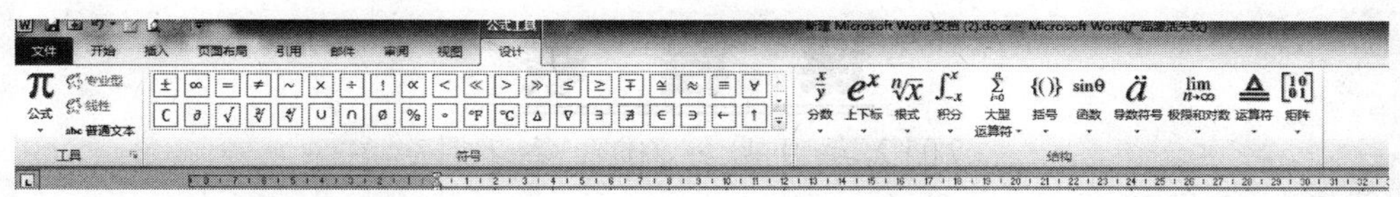

图 2-55 “公式”工具栏

实验 4 综合应用(一)

一、实验目的

综合应用前面掌握的知识，根据样张使用 Word 进行排版。

二、实验内容和步骤

(1) 新建一个 Word 文档，命名为“计算机基础 Word 实验文档.docx”，完成以下操作。

① 到网上搜索一篇有关计算机发展史的文章，要求至少 6 段以上，500 字以上。复制粘贴在文档中(也可以是自己任选主题的文章)。

② 为文章加上合适的标题，标题格式为：深蓝-文字 2-淡色 40%，华文琥珀、22 号。套用“文本效果”库第四行第一列的文本效果，并设置阴影为“透视-右上对角透视”，映像为“全映像，8pt 偏移量”，居中显示。

③ 设置正文格式为隶书，小四；设置标题段段后间距 1 行，正文各段段前、段后间距 1.8 行，正文行距 1.5 倍行距，正文首行缩进两个字符；设置第一段首字下沉两行。

④ 查找关键字“计算机”，对其中一个设置格式为 16 号，并添加拼音指南；对另外一个设置格式为“加粗、间距加宽 3 磅、位置提升 3 磅”。

⑤ 设置第二自然段左右缩进各 1 厘米，并为第二自然段添加：蓝色、3 磅边框，深蓝-淡色 80%的底纹。

⑥ 把第三段与第四段对调。

⑦ 在正文的最后插入艺术字“学会了 Word”，格式为：宋体、36 号；填充-橙色-强调文字颜色 6，渐变轮廓-强调颜色文字 6；艺术字要求文本效果：“阴影”——外部、向左偏移；“映像”——半映像，8pt 偏移；“转换”——双波形 2。

⑧ 在第三段中插入任意一张有关计算机发展的图片，要求大小为 2cm×2cm，四周型环绕。

⑨ 把最后两段均分成两栏，中有分隔线。

⑩ 在文档页面插入水印“计算机发展史”。

⑪ 设置页眉“计算机发展史”,宋体,五号,右对齐,设置页脚,插入页码和作者,居中;设置页边距上下均为2cm,A4纸。

⑫ 在文字“计算机发展史”上建立超级连接,指向下载该文章的网址。

(2) 新建课程表,如以下样张所示。

课 程 表

2012年9月~2013年7月

班级:机械设计701班

节次 课程 星期		一	二	三	四	五
上午	1-2	英语	思想道德	高等数学	计算机基础	高等数学
	3-4	高等数学	英语	英语	画法几何	英语
下午	5-6	计算机基础	画法几何		英语	体育
	7-8	体育			军事理论	
晚上	9-11	大学语言	自修	自修	自修	自修

(3) 创建个人成长册,要求如下。

① 使用艺术字体为成长册制作标题。

② 为各成长阶段设置标题,标题采用适当的文本效果美化。

③ 在文中插入各成长阶段的照片、图片,及相关的简要说明等,尝试以各种版式实现图文混排效果。

④ 使用项目符号和编号、分栏等方法编辑美化该文档。

⑤ 将该文档存在D盘“个人简历”文件夹中,文件名为“我的成长册.docx”。

实验5 综合应用(二)

一、实验目的

综合应用前面掌握的知识,使用Word进行本科毕业论文排版。

二、实验内容和步骤

打开素材中的“论文1.docx”,按照下面论文撰写格式要求中的要求进行论文排版。样张可以参考"论文1样张.pdf"。

论文撰写格式要求如下。

1. 正文格式要求

(1) 论文正文格式为：中文为宋体五号，英文为 Times New Roman 五号，首行缩进两个字符，1.5 倍行距。

(2) 公式居中，公式编号用圆括号括起放在公式右边行末。

(3) 表格的表序和表题在表格上方居中。一般同一表格应放在同一页面内，如果表格过长下页接写，表题可省略，表头应重复写。

(4) 插图的图序和图题在图位下方居中。

(5) 每章开始均另起一页，即将光标移到每章标题文字最前面，插入分页符：光标移到需要插入分页符的位置，打开"页面布局"选项卡，选择"页面设置"区域的"分隔符"|"分页符"，如图 2-56 所示。

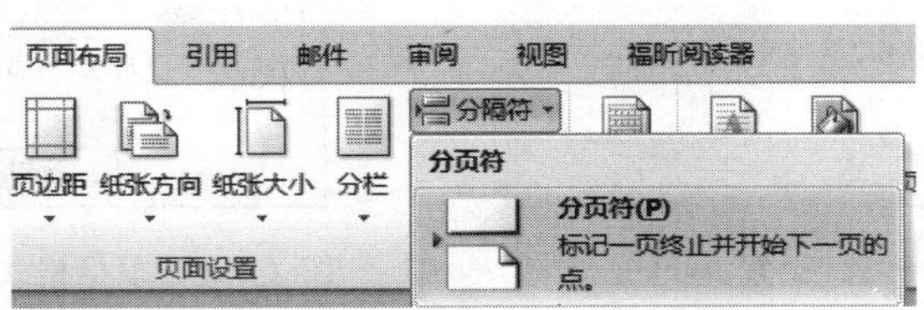

图 2-56 插入分页符

2. 摘要格式要求

1) 中文摘要

(1) 中文题目，黑体三号居中，上下各空一行。

(2) "摘要"两字为黑体四号居中，下面空一行。

(3) 中文摘要正文为宋体五号，首行缩进两个字符，1.5 倍行距。

(4) 关键词部分，"关键词"三字为黑体小四号。

2) 英文摘要

(1) 英文题目，Times New Roman 三号居中，一律用大写字母，上下各空一行。

(2) 单词 ABSTRACT 为 Times New Roman 四号加黑居中，下面空一行。

(3) 英文摘要正文为 Times New Roman 五号，首行缩进两个字符，1.5 倍行距。

(4) 关键词部分，Key words 为 Times New Roman 小四号加黑。

3. 标题格式要求

根据标题层次分别设置各级标题，一般章标题为一级标题，节标题为二级标题，小节标题为三级标题，以此类推。

(1) 一级标题为黑体三号居中，上下各空一行。

(2) 二级标题为序数空两格写，字体为黑体四号，1.5 倍行距。

(3) 三级标题为空两格书写序数，字体为宋体小四，1.5 倍行距。

标题设定方法:一般在论文中先自定义标题样式,然后在需要的地方应用该样式即可。下面以不带编号的一级标题样式设定为例来说明。

(1) 选中任意一章标题文字,然后在“开始”选项卡中找到“样式”区域并单击垂直滚动条最下方展开,如图 2-57 所示。

(2) 单击“将所选内容保存为新快速样式”按钮,弹出“根据格式设置创建新样式”对话框,将默认名称“样式 1”改为新的名称,例如“lw 标题 1 样式”,如图 2-58 所示。

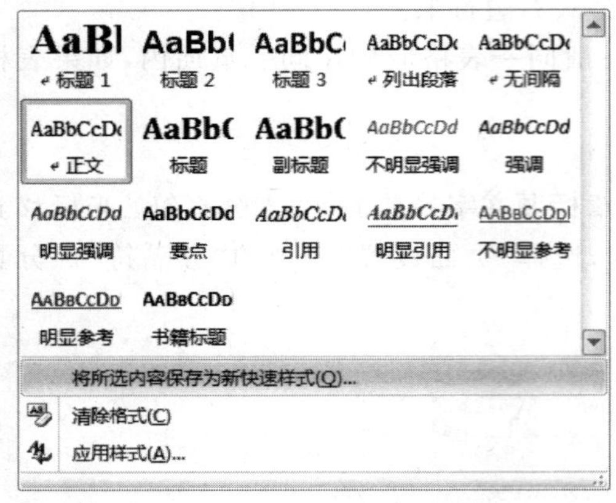

图 2-57 “样式”设置

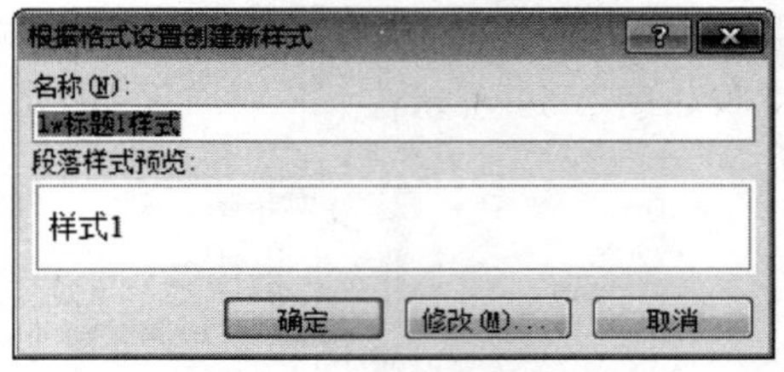

图 2-58 “根据格式设置创建新样式”对话框

(3) 单击图 2-58 中“修改”按钮进入具体样式设置对话框,如图 2-59 所示。

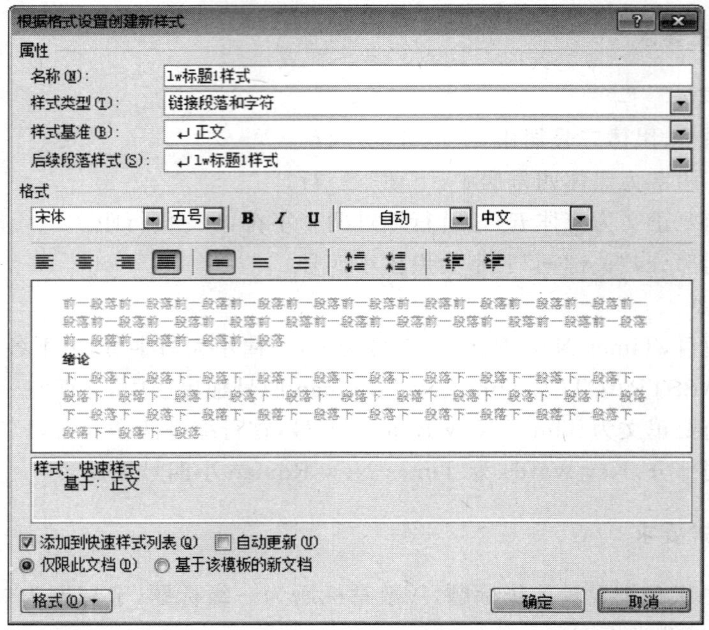

图 2-59 具体样式设置

(4) 根据要求进行格式设置,如图 2-60 所示。此处样式基准设置为“标题 1”(二级标题,三级标题基准设置分别为“标题 2”“标题 3”),字体设置为黑体三号居中,段前段后格式需要单击左下角“格式”按钮，选中“段落”选项来设置，设置为段前、段后各一行。设置好以后，可以在中间看到预览效果及下面的格式文字描述，单击“确定”按钮来保存设置。

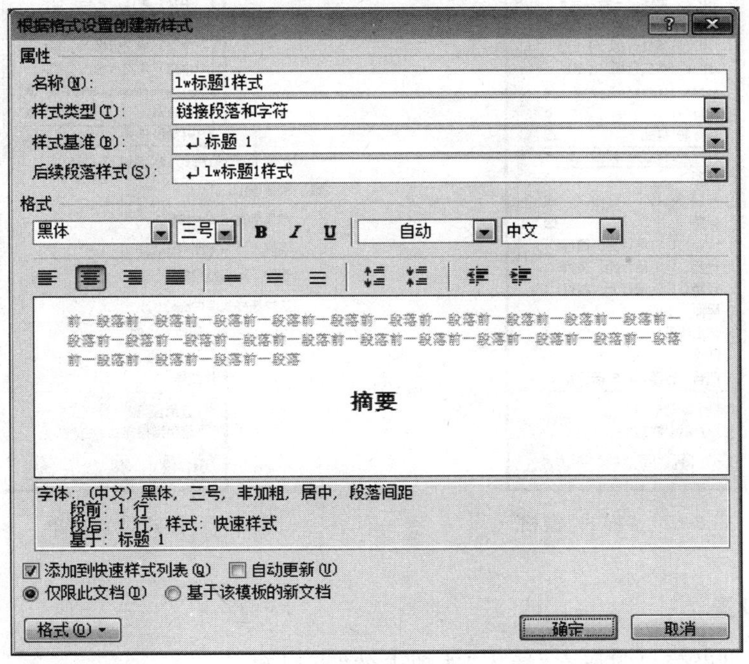

图 2-60 格式设置

(5) 样式定义修改。

如果需要修改已经定义好的样式，则可以单击“开始”选项卡“样式”区域右下角的箭头打开“样式”窗格，如图 2-61 所示。图 2-62 为已经打开的“样式”窗格。

图 2-61 “样式”区域

在“样式”窗格中拖动滚动条找到需要修改的样式，单击样式名称右边带三角形箭头的按钮展开样式设置菜单，如图 2-63 所示。

在菜单中选择“修改”命令打开样式设置对话框对选中样式进行格式设置。

(6) 样式应用。

选中需要应用样式的文字，打开图 2-62 中的“样式”窗格，找到对应的样式名称，在样式名称上单击，即可将样式应用到选中文字上。

(7) 上面是不带编号的标题样式设置，如果标题需要带编号，则只需在如图 2-60 所示的样式定义的格式设置对话框中单击“格式”按钮，展开菜单中选择“编号”选项进行设置即可。编号设置可以参考前面 Word 实验的设置说明。

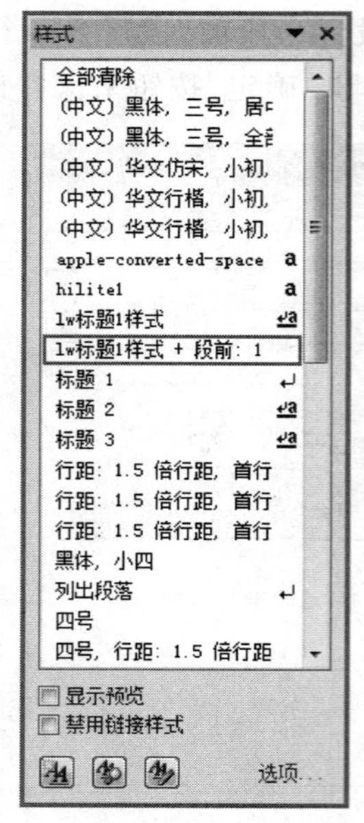

图 2-62 “样式”窗格

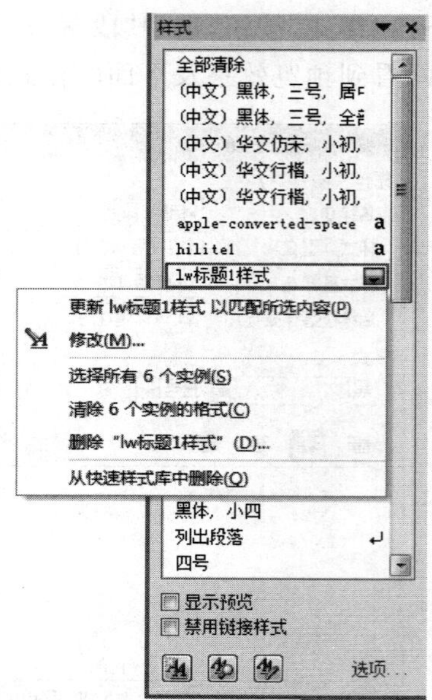

图 2-63 样式设置菜单

4. 页码设置

通常的页码设置只需要在“插入”选项卡的“页眉和页脚”区域选中“页码”，然后在“页面底端”中选择一种预定义的页码格式或者选择“设置页码格式”来自定义页码显示方式，如图 2-64 所示。

一般论文中要求从正文第一页开始页码第一页，编号为阿拉伯数字 1 开始，封面不设页码，摘要、目录的编号为小写罗马字母 i 开始。下面说明如何进行页码设置。

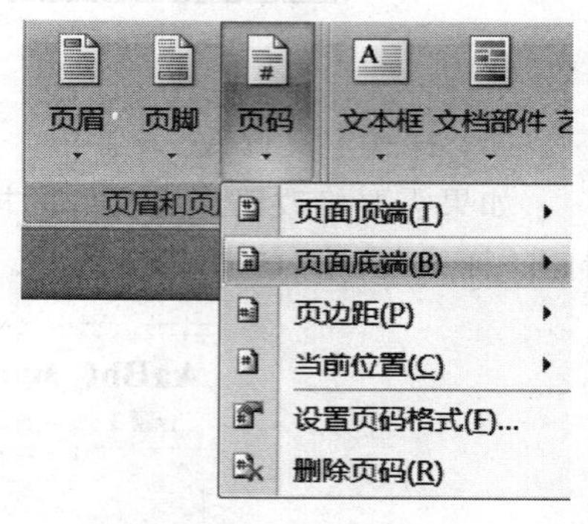

图 2-64 页码设置菜单

1) 分节

将封面、摘要和目录、其余正文分别作为一节，需要在封面的最后、摘要和目录的最后分别插入一个分节符。

插入分节符的方法，在“页面布局”选项卡中找到“页面设置”区域，单击“分隔符”打开分隔符选项。在下面“分节符”中选一个合适的分节符，如图 2-65 所示。例如，光标分别移到封面最后以及摘要和目录的最后，插入“下一页”分节符，这样将整个论文分为三节。

2) 插入不同的页码

(1) 第一节是封面，不需要页码。

(2) 第二节是摘要目录部分，需要设置小写罗马字母 i 开始的页码。将光标移到第二节文字部分，使用前面的插入页码方法在页面底部插入页码，设置页码格式如图 2-66 所示。编号格式设置为小写罗马字母序列，起始页码设置为 i。

(3) 第三节是正文部分，需要设置阿拉伯数字 1 开始的页码。编号格式设置为阿拉伯数字序列，起始页码设置为 1。

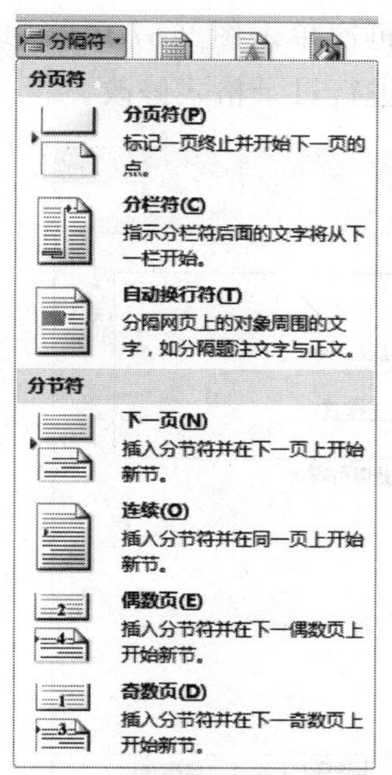

图 2-65　插入分隔符

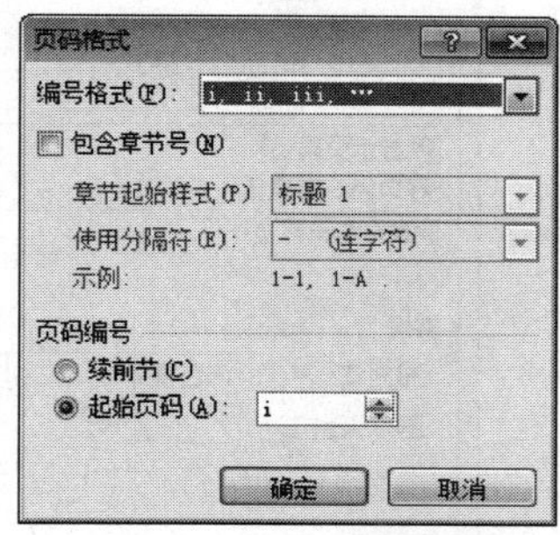

图 2-66　页码格式设置

5. 目录设置

目录可以使用 Word 的自动生成功能来生成，前提条件是已经根据前面的标题设置方法设置好三级标题。

(1) 把光标移动到要插入目录的地方，一般是摘要后面正文前面位置，选择“引用”选项卡的“目录”区域，选择“目录”菜单的“插入目录”，或者从“内置”里面选一项，将目录自动生成到指定位置。“目录”菜单如图 2-67 所示。

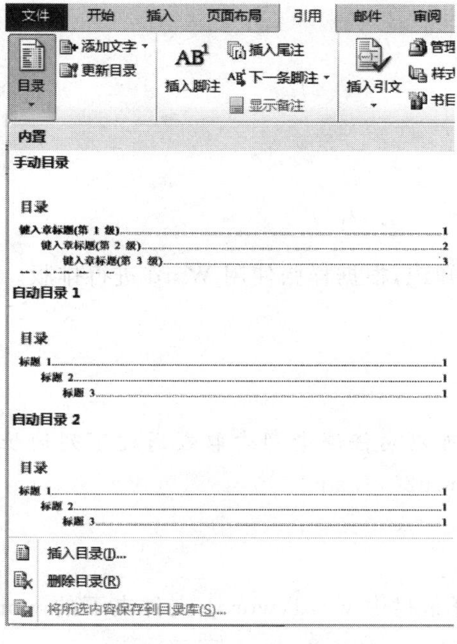

图 2-67　“目录”菜单

(2) 如果需要设置“目录”格式,可以在插入目录后再次单击图2-67中“目录”菜单中的“插入目录”,弹出如图2-68所示的“目录”设置对话框,进行目录格式修改。

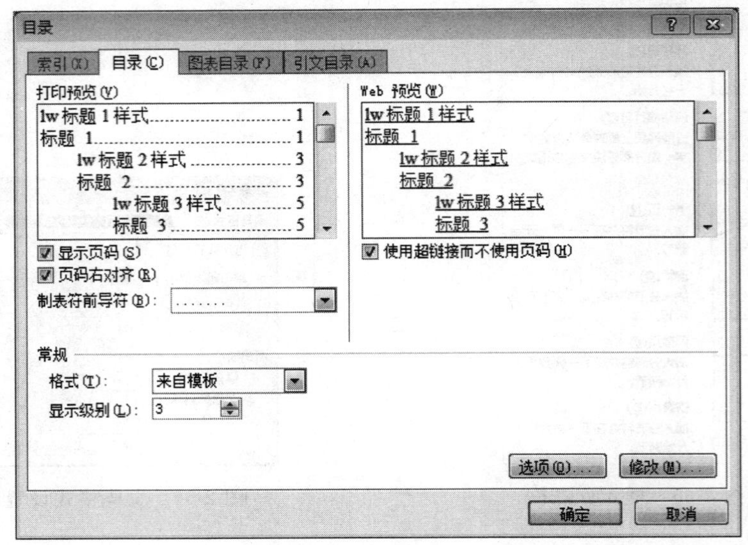

图2-68 “目录”设置对话框

(3) 如果以后修改了标题内容或者层次,需要更新目录,可以单击“引用”选项卡的目录区域,选择“更新目录”选项(或者可以单击原有的目录部分,右击,在弹出上下文菜单中选择“更新目录”选项),弹出“更新目录”对话框(如图2-69所示),根据情况选择“只更新页码”或者“更新整个目录”来更新自动生成的目录内容。

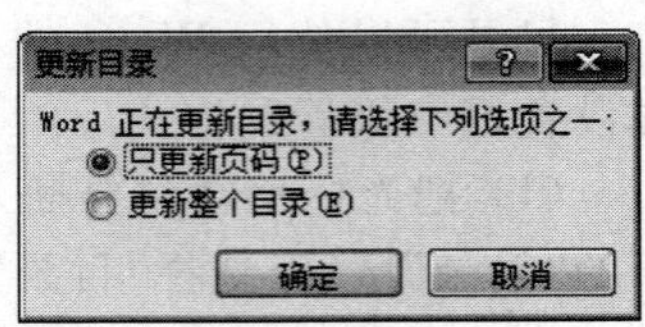

图2-69 “更新目录”对话框

实验6 综合练习

一、实验目的

综合应用前面掌握的知识,根据样张使用Word进行排版。

二、实验内容和步骤

说明:“素材”文件夹可以向任课老师索取或通过下列地址下载:http://jsjxy.shiep.edu.cn/base/download/sucai2017.zip

1. 综合练习一

启动Word 2010,打开素材中word\word1文件夹下的word.docx文件,参照样张(如图2-70所示),完成以下操作。

美丽三亚，浪漫天涯

景点

三亚市旅游资源得天独厚，是海南省风景名胜最多而又最密集的地方，在约两百公里的海岸线上，密布亚龙湾、大东海、鹿回头公园、天涯海角、海山奇观、南山文化旅游区等闻名中外的旅游景点。她不仅具备现代国际旅游五大要素——阳光、海水、沙滩、绿色植被、洁净空气，而且还拥有河流、港口、温泉、岩洞、田园、热带动植物、民族风情等各具特色的旅游资源，在国内外堪称一绝。

亚龙湾国家旅游度假区

三亚是一个被大自然宠坏的孩子！大自然把最宜人的气候、最清新的空气、最和煦的阳光、最湛蓝的海水、最柔和的沙滩、最风情万种的少数民族、最美味的海鲜…都赐予了这座海南岛最南端的海滨旅游城市。“三亚归来不看海，除却亚龙不是湾”的美誉更是吸引了每年数以千万计的国内外游客！这里8公里长的海滩宽阔平缓，沙粒洁白细腻，自然资源国内绝无仅有，可与国际上任何著名的热带滨海旅游度假胜地相媲美。凡到过亚龙湾的人无不被这里的美景所陶醉，全国政协副主席、香港著名实业家霍英东先生曾这样评价：“亚龙湾美丽的海滩，香港没有，日本没有，印尼的巴厘岛不及，只有夏威夷同属休闲型，但亚龙湾的阳光、海水、沙滩、高山、空气五大旅游要素优于夏威夷，亚龙湾可以建成亚洲最理想的度假胜地”。1992年，联合国世界旅游组织秘书长萨维尼亚克对亚龙湾考察后，兴奋地挥笔写道：“亚龙湾具有得天独厚的自然条件，银色的沙滩，清澈的海水，绵延优美的海滨，未被破坏的山峰和海岛上有原始粗犷的植被，这是一个真正的天堂”。

图 2-70 Word 样张 1

(1) 按样张将标题“美丽三亚，浪漫天涯”设置为艺术字：样式为第三行第二列，隶书、小初号字体，并设置为“上下型环绕”方式。

(2) 将正文中所有段落首行缩进两个字符，1.25 倍行距。将最后一段分为等宽两栏，栏间加分隔线。

(3) 插入文件名为“1.jpg”的图片，设置图片高度为 3.5 厘米、宽度为 5 厘米，并设置为“四周型环绕”方式，为图片加“矩形投影”的图片样式。

2. 综合练习二

启动 Word 2010，打开素材中 word\word2 文件夹下的 word.docx 文件，参照样张(如图 2-71 所示)，完成以下操作。

(1) 按样张将标题“淡淡的喜欢”设置为艺术字：样式为第 3 行第 4 列，并设置为“上下型环绕”方式。设置正文字体为楷体、小四。

淡淡的喜欢

闲来，立在窗前，看天边的云朵淡淡的飘，浅浅而去，就如我的思绪，飘荡在半夏的风中，想念一个人，就淡淡的，爱一个人，就浅浅的，浅浅的爱一个人，就是把他和思念都轻轻的放在心底，那种美好的情愫，如栀子花开，纯纯的，在心里暗香盈袖，有多欢喜只有自己知道。总是相信，这世间有一种情感，不曾言语，却是深念，如清晨露珠，澄澈透明，在流年似水中，莫失莫忘。

光阴，总是会生成慈悲，人世间最美的时光，都在远去的刹那，无论曾经有过怎样的遇见，到后来，只剩下一笺柔软，装点着岁月的诗行，如海棠花开里寻往昔，回眸处，都是最美的风景。

晨起，依着一些旧字，不言不语，亦能把时光看通透，总是感觉一些句子里住着青山绿水，若与其偶遇，便如与旧事相逢。一朵花亦有铭记，一棵草也能唤醒记忆，将往事坐在一首词里，闲来与其对望，淡淡的心境，已是淡而生香。有些约定，已不需要只言片语，只因，彼此一直在不远的地方守望。把一个人放在心中，把美好坐在一首词中，不怕乱了韵脚，也无需在乎格调，只是偶尔念起，心生欢喜。

生命有时，真的不需要太多，赏心只需两三枝，人生最美不是生如夏花的绚烂，而是于似水流年中，收获一份懂得，捡拾时光的芬芳，将自己写意成淡淡的风景，带着阳光雨露前行，相信走着走着，花就开了。

图 2-71 Word 样张 2

(2) 将正文中所有段落首行缩进两个字符，1.5 倍行距。将最后一段分为等宽两栏，栏间加分隔线。

(3) 插入文件名为“2.jpg”的图片，设置图片高度为 2 厘米、宽度为 3.5 厘米，并设置为“四周型环绕”方式，为图片加“棱台矩形”的图片样式。

第二部分 Excel 2010 的使用

实验 1 用 Excel 建立报表

一、实验目的

(1) 了解 Excel 2010 的工作环境和功能；

(2) 掌握 Excel 2010 的基本操作；

(3) 学会用 Excel 2010 创建报表；

(4) 掌握编辑表格的基本方法；

(5) 掌握表格的格式化方法。

二、实验内容和步骤

1. 工作表的建立

1) 新建工作表

启动 Excel 2010，按如图 2-72 所示样表创建一张学生成绩表，新表命名为 1. xlsx；复制整个样表到 Sheet2，并重命名 Sheet1 为“原表”。

	A	B	C	D	E	F	G	H
1	各班期中考试成绩表							
2	班级	姓名	性别	数学	语文	政治	总分	均分
3	111	蔡琰	男	87	88	91		
4	112	陈俊	男	68	55	85		
5	113	陈龙	男	88	87	88		
6	113	邓丹枫	女	86	93	100		
7	113	李海峰	男	95	77	98		
8	113	李晟铭	女	84	72	97		
9	111	林琳	男	74	73	80		
10	111	刘源翔	女	74	96	84		
11	111	龙凯	女	88	79	90		
12	112	罗永豪	男	75	89	92		
13	112	邱杰	男	78	90	87		
14	112	孙潇	女	85	98	99		
15	112	孙振健	男	93	93	96		
16	112	王丹丹	男	82	72	92		
17	111	王佳妮	女	84	88	87		
18	112	王晓斌	男	85	96	68		
19	113	吴浩	男	81	64	67		
20	111	杨强	男	76	94	95		
21	113	杨晓琳	男	76	79	90		
22	111	张晨佳	男	93	96	80		
23	113	张宗伟	女	94	96	73		
24	111	赵明	男	96	78	90		
25	113	周忆宁	男	81	86	64		
26	112	朱旭坤	男	81	75	93		
27								

图 2-72 样表

(1) 启动 Excel 2010。

(2) 单击 Sheet1，在 Sheet1 中输入以上样表数据。

(**注意**：*字符类型数据默认格式是靠单元格左对齐，数值类型数据默认格式是靠单元格右对齐。*)

(3) 输入数据后，鼠标选定单元格(A1:H26)，复制、粘贴至 Sheet2。

(4) 在工作表 Sheet1 标签上右击，弹出快捷菜单，如图 2-73 所示，选择“重命名”命令，为 Sheet1 重命名为“原表”。

(5) 选定 Sheet2 表作为当前工作表。

2) 工作表的编辑

在 Sheet2 工作表中，表标题前增加一行，表中第一列前增加一列；在数据行末添加一行,在B28单元格中输入“各门课平均分”;在H3单元格中输入“平均成绩”,在I3单元格中输入“总成绩”。

(1) 光标停在第一行任意单元格,单击“开始”|“单元格”选项卡的“插入”按钮,出现如图2-74所示的插入单元格下拉列表;选择“插入工作表行”命令,则在当前行前添加一行。

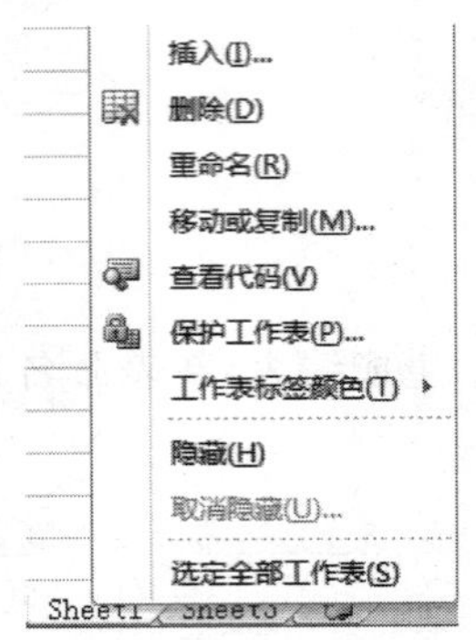

图2-73 右击工作表标签

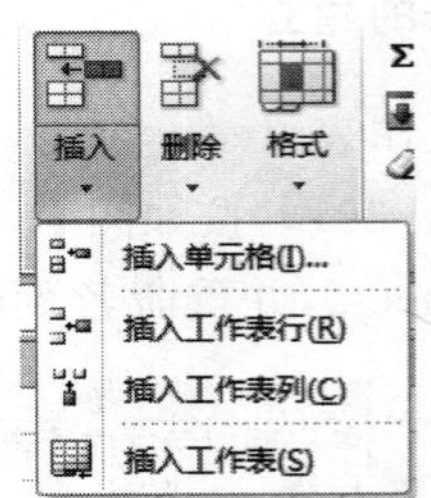

图2-74 插入单元格

(2) 光标停在第一列任意单元格,如上操作,选择“插入工作表列”命令,则在当前列前一列添加一空白列。

(3) 分别选择B28和B29单元格,输入字符串“各门课平均分”,这时,由于列宽的关系,这些文字不能完全显示出来,可以单击工具栏“开始”|“对齐方式”上的“自动换行”按钮,使单元格的内容完全显示出来。

(4) 分别选择H3和H4单元格,输入字符串“平均成绩”和“总成绩”。

2. 公式和函数的使用

1) 输入公式

对成绩单中每个人的各科成绩求平均成绩、总成绩。

(1) 求总成绩:选定单元格I4,在单元格I4中输入“=(E4+F4+G4)”(或在各种运算符后单击要参与计算的单元格),按回车键结束。

(2) 求平均成绩:选定单元格H4,在单元格H4中输入“=(E4+F4+G4)/3”,然后按回车键。

2) 使用函数

对每门课程求平均分、总分。

(1) 选定单元格E28,单击系统工具栏“公式”|“函数库”选项卡中的“自动求和”下拉按钮(如图2-75所示),选择“平均值”命令,在单元格E28中将出现=AVERAGE()函数,在括号中输入要求平均值的单元块或鼠标直接单击要求值的区域,按回车键结束。

(2) 选定单元格E29,选中如图2-75所示下拉菜单按钮,选择“求和”命令,在单元格E29中将出现=SUM()函数,在括号中输入要求平均值的单元块或鼠标直接单击要求值的区域,按回车键结束。

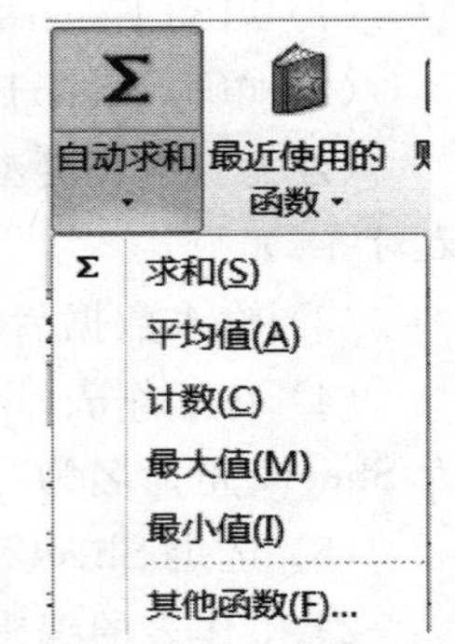

图2-75 “函数”公式工具

注意：若要求中选用其他函数，可以单击“ ”下拉按钮中的“其他函数”命令，根据函数的使用指南，选择正确的数据块进行计算。

3）使用“复制柄”

在以上两步中，根据输入的数据求得了某一单元格的值，这时，其他单元格的数据可以通过使用“复制柄”，即通过鼠标单击单元格右下角的实心十字形，鼠标按住往需要相同计算方式的方向上拖动，从而实现公式的复制。所以分别拖动I4和H4单元格的复制柄向下至H27和I27单元格，实现公式的复制；分别拖动E28到H28，E29到H29以实现公式的复制。

需要说明的是，当单元格的内容不是公式而是特定类型的值时，拖动“复制柄”能实现相邻单元格内容的复制或产生序列值，这个序列值通过单击“开始”|“编辑”选项卡上的“填充”按钮 填充 ，选择“系列”选项，打开如图2-76所示的“序列”对话框，定义序列的类型和产生的行列属性。

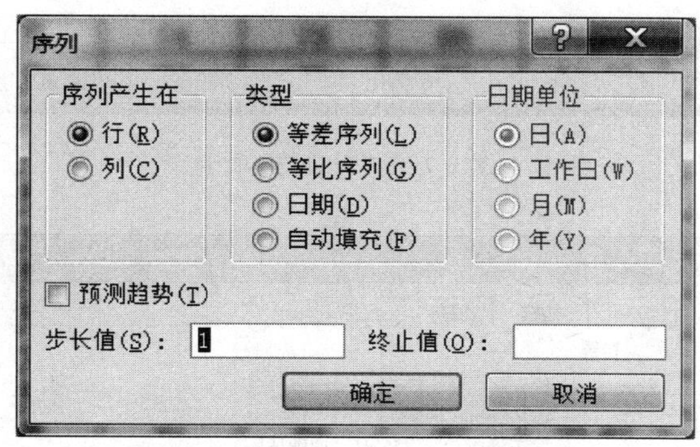

图2-76 “序列”对话框

3. 工作表的格式化

1）表格外观格式化

表标题居中对齐，字体为黑体、22号；表中单元格数据居中对齐；给表格加双边框（内部为单线），表头区域加粗线；表头区域设置底纹：紫色-强调文字颜色4-淡色80%。

（1）选中表标题所在行（B2:I2），单击“开始”|“对齐方式”工具栏中的“合并后居中”按钮，实现表标题居中对齐，并对表标题进行其他格式化。

（2）选定整个表格（不包括表标题），右击，选择“设置单元格格式”命令，弹出如图2-77所示“设置单元格格式”对话框；选择“对齐”选项卡，文本对齐方式可以选择“水平居中”和“垂直居中”。

（3）选中“设置单元格格式”对话框的“边框”选项卡（如图2-78所示），对表外边框设置为双线，内部设置为单线。

（4）选中表格表头区域，底部线为粗线即可。

（5）选中表头文本区域（B3:I3），单击系统工具栏“开始”|“字体”选项卡上的“填充颜色”按钮，在下拉列表中选择“紫色-强调文字颜色4-淡色80%”选项，对单元格底纹进行设置。

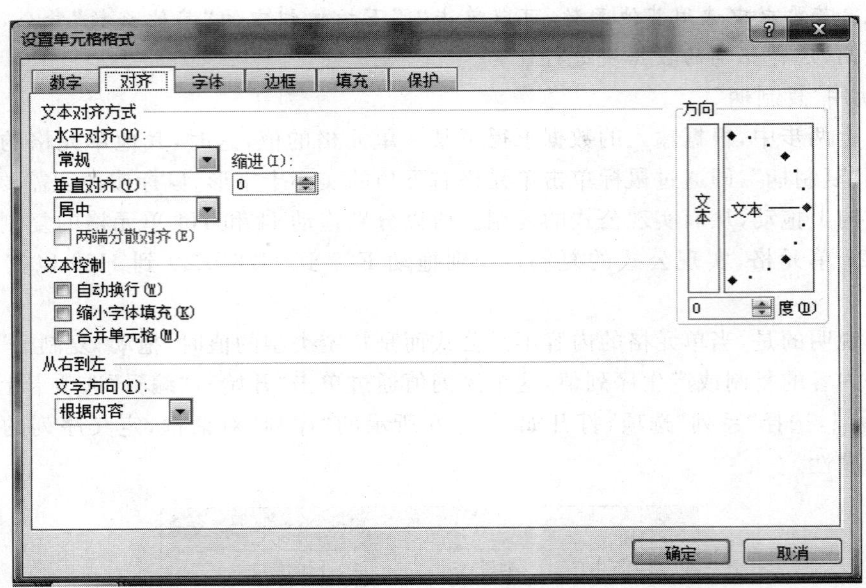

图 2-77 “对齐”选项卡

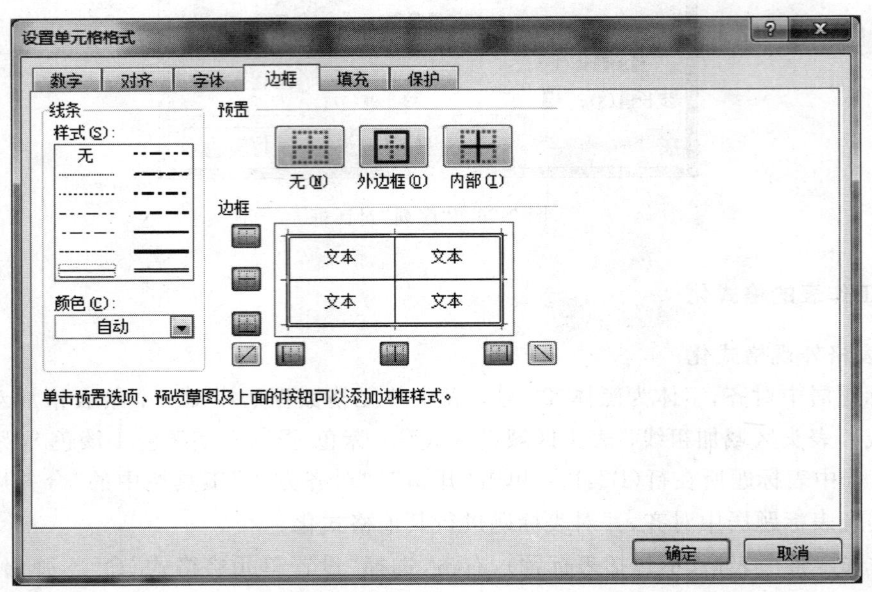

图 2-78 “边框”选项卡

2）表格单元格格式化

为表格中不同的数据类型设置格式：为班级、姓名、性别列设置“文本”格式；为数学、语文、政治及总成绩列设定为“数字”格式，为平均分列设置为“数字”格式，保留两位小数点。

(1) 选中表格中的 B4:D27 单元块，单击系统工具栏“开始”|“数字”选项卡，在“数字格式”下拉菜单中选择“文本”格式，如图 2-79 所示；也可以右击，选中“设置单元格格式”命

令，打开“设置单元格格式”对话框，在“数字”选项卡中选择“文本”选项。

(2) 选中E4:I29单元块，在如图2-79所示的下拉列表中选择“数字”格式。

(3) 分别选中H4:H27单元块和E28:H28单元块，在“设置单元格格式”对话框内设置“数字”格式，保留两位小数；在单元格计算出结果后，也可以单击“开始”|“数字”工具栏上的“减少小数位数”按钮，实现小数点的保留。

3) 条件格式的设置

将单元格区域分别设置条件格式，平均成绩列设为“蓝色数据条”；总成绩列设置为“绿色色阶”；在所有学生中将低于60分的成绩背景设为“浅红色填充”。

(1) 选中“平均成绩”列数据单元格，单击“开始”|“样式”选项卡中的“条件格式”按钮，如图2-80所示，选择“数据条”选项，设置“蓝色数据条”。

图2-79 “数字”格式工具

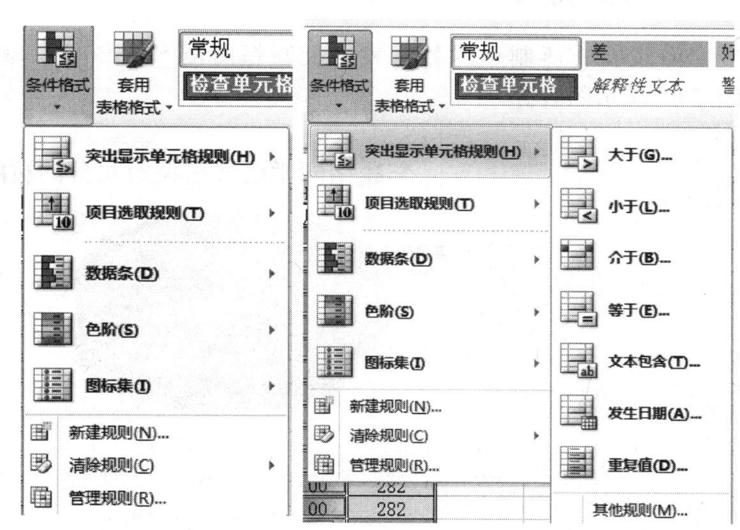

图2-80 条件格式工具

(2) 选中“总成绩”列数据单元格，同样在如图2-80所示的下拉列表中选择“色阶”选项，设置“绿色色阶”样式。

(3) 选中所有数据单元格，在如图2-80所示的下拉列表中，选择“突出显示单元格规则”选项中的“小于”命令，弹出如图2-81所示的对话框，在对话框内设置“为小于以下值的单元格设置格式”为“60”，“设置为”为“浅红色填充”，然后单击“确定”按钮。

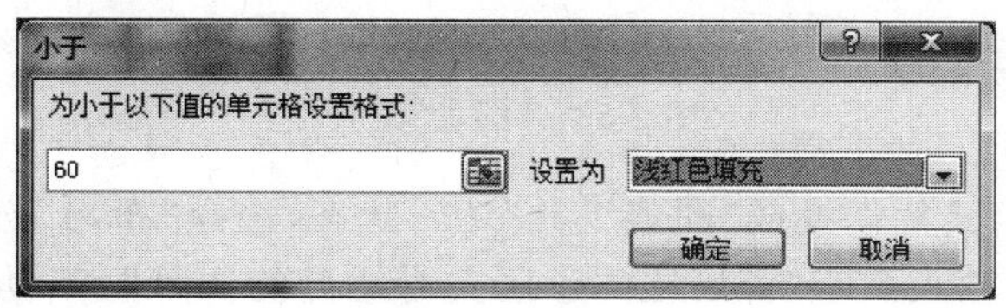

图2-81 “小于”对话框

实验2 图表的建立

一、实验目的

(1) 掌握图表的建立方法及图表的格式化;
(2) 掌握利用不同图表来表达数据之间的联系的方法。

二、实验内容和步骤

1. 图表的制作

将实验1所制作的数据表格复制粘贴至Sheet3工作表中,并在数据表下方制作如图2-82所示图表。

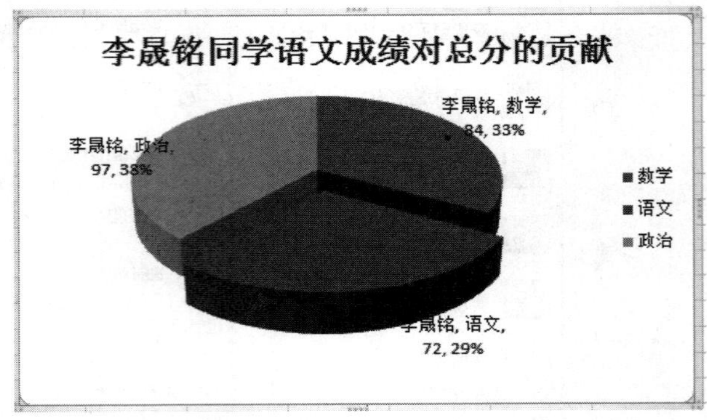

图2-82 样例图表

(1) 选中区域(B2、D2:F2、B8、D8:F8)。

(2) 单击系统工具栏"插入"|"图表"选项卡(如图2-83所示)中的"饼图"按钮,选择"饼图"中的三维饼图,生成初始图形(如图2-84所示)。

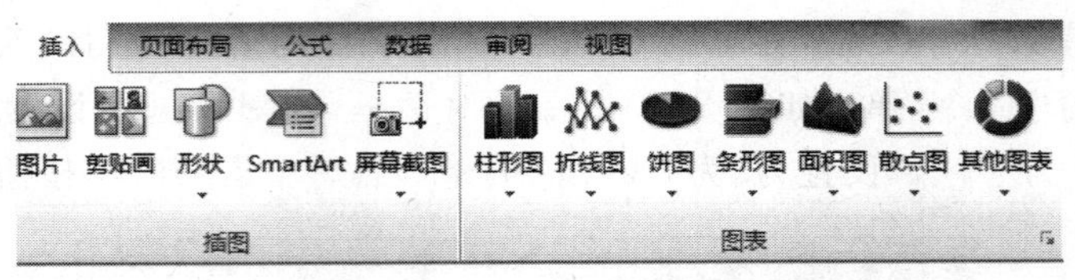

图2-83 "图表"工具栏

(3) 选中该图,工具栏切换成"图表工具"编辑状态,选择"布局"选项(如图2-85所示),在图表的标题处可以输入文字"李晟铭同学语文对总分的贡献",工具栏中的"图表标题"按钮提供了对标题的字体格式化方案;在如图2-85所示工具栏中单击"数据标签"按钮后,在下拉菜单中选择"其他数据标签"选项,弹出如图2-86所示的"设置数据标签格式"对话框,在对话框内勾选"系列名称""类别名称""值"和"百分比",其余以默认方式设置。

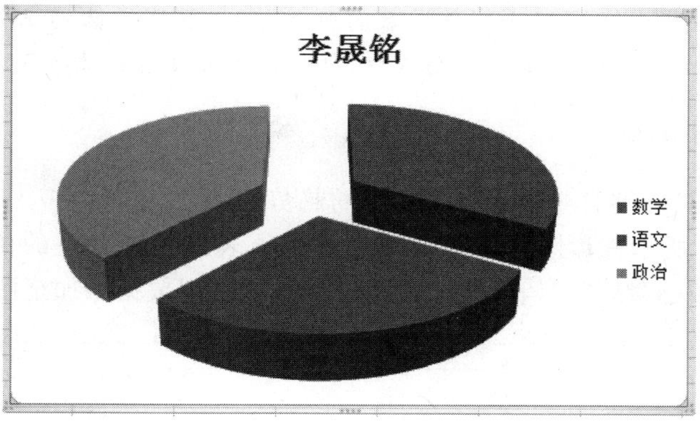

图 2-84 初始图

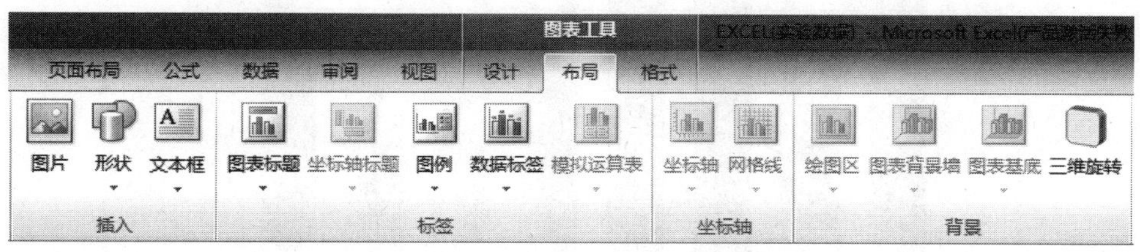

图 2-85 “图表工具”栏

图 2-86 “设置数据标签格式”对话框

(4) 将图表移动并调节大小至 B31:H44 区域。

(5) 选中饼图,单击“语文”扇形区域,鼠标向外拖曳扇形到合适的位置,以突显该数据对总分的贡献情况。

注意：在使用图表工具对数据制作图表的时候，数据区域的选定正确与否决定图表生成的正确性，一般选取的区域是规则的矩形区域，包括表头字段名和该字段名下对应的数据。

2. 应用柱形图

柱形图的功能是能够直观地反映出数据的趋势。

制作如图2-87所示柱形图表，观察该表，并将该表调整到合适的位置；在图表中删除“数学”系列数据并观察结果；从数据表中选择“数学”系列数据添加至图表中，观察结果。

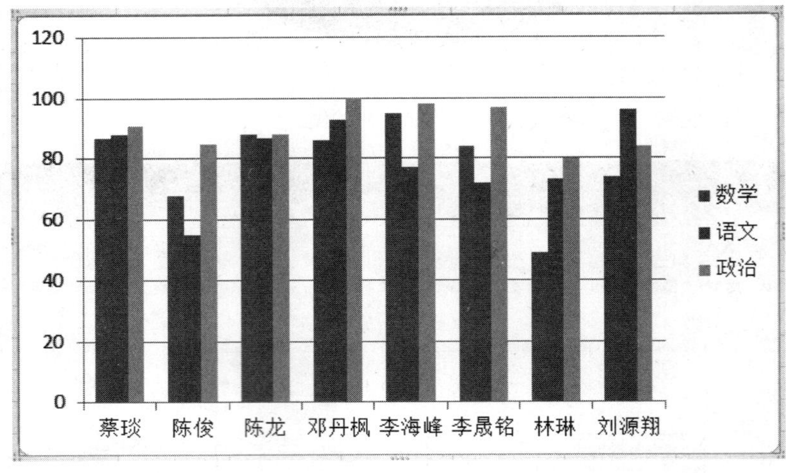

图2-87　样例图表

(1) 选取数据系列：(B2:B10)和(D2:F10)区域。

(2) 单击工具栏“插入”|“图表”选项卡(如图2-83所示)右下角的箭头，弹出如图2-88所示的“插入图表”对话框，在对话框中选择柱形图，单击“确定”按钮。

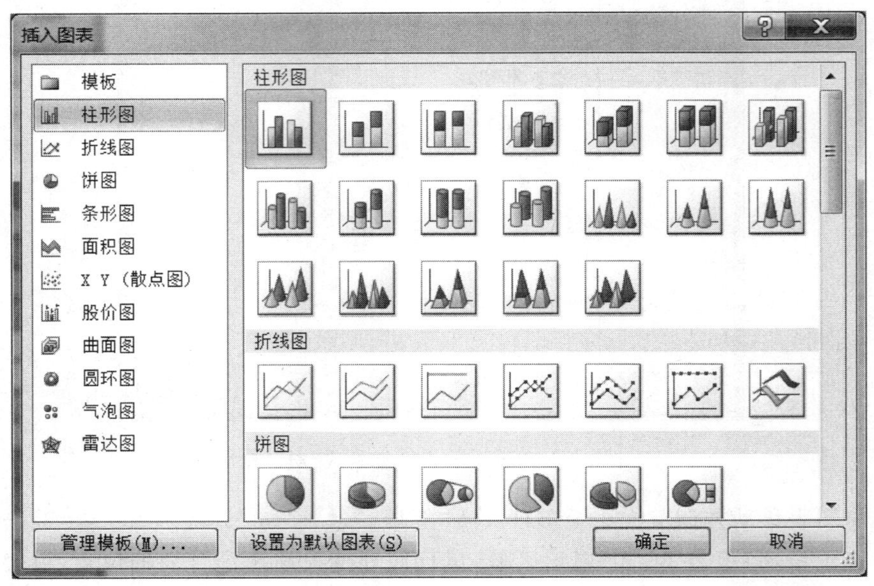

图2-88　“插入图表”对话框

(3) 图表可以作为新的工作表(chart1),也可以在原工作表中插入,选定图表拖动到合适的位置。

(4) 选中图表中“数学”系列,右击,在弹出的快捷菜单中选择“删除”,则“数学”系列被清除。

(5) 选中图表中的某一系列,右击,在弹出的快捷菜单中选择“选择数据”选项,弹出如图 2-89 所示的对话框;在该对话框中,对图例项进行“添加”,同时弹出如图 2-90 所示“编辑数据系列”对话框,在“系列名称”中选择 D2(数学)单元格,系列值用鼠标选择(D3:D10)数据块,单击“确定”按钮,则“数学”系列数据就添加到图表当中了。

图 2-89 “选择数据源”对话框

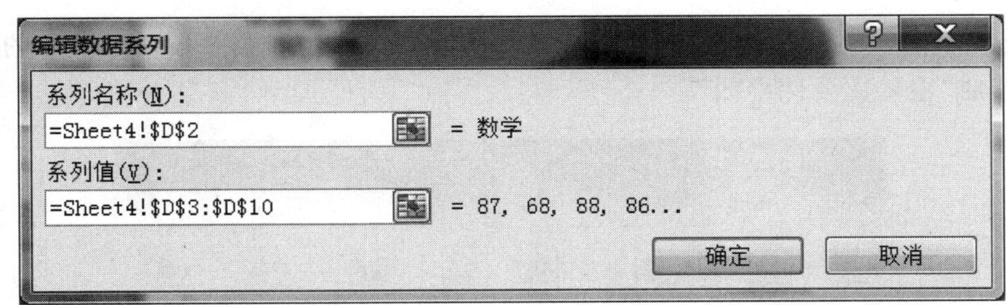

图 2-90 “编辑数据系列”对话框

3. 图表修饰

改变图表样式,在图表中添加图表标题为“部分同学成绩对比”;添加分类 Y 轴名称为“成绩”;添加网格线;为“数学”设置数据系列标志;设置绘图区底纹为淡蓝;设置图表区底纹为橄榄色,图表外框轮廓为圆角,背景设置为浅蓝,样例如图 2-91 所示。

(1) 选中图表,工具栏将切换成“图表工具”状态,如图 2-92 所示,选择设计模式下的“图表布局”中的“布局 5”样式,在图表标题区输入“部分同学成绩对比”;在坐标轴标题区输入“成绩”。

(2) 选中图表中“数学”系列数据,右击,选择“添加数据标签”选项。

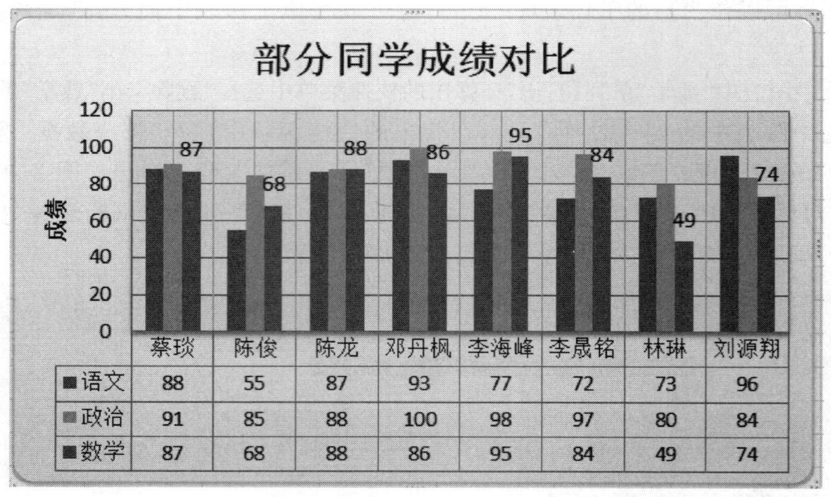

	蔡琰	陈俊	陈龙	邓丹枫	李海峰	李晟铭	林琳	刘源翔
语文	88	55	87	93	77	72	73	96
政治	91	85	88	100	98	97	80	84
数学	87	68	88	86	95	84	49	74

图 2-91 样例图表

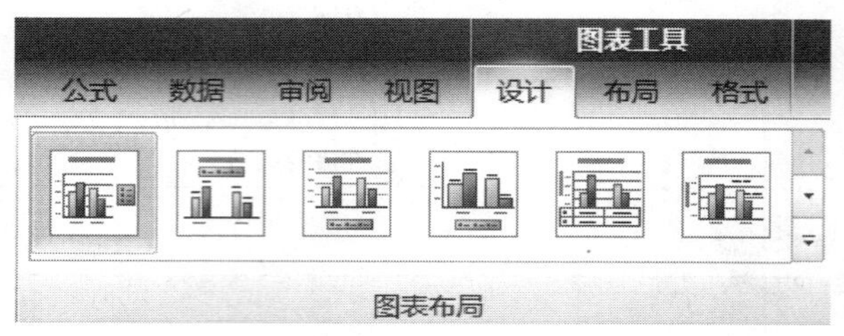

图 2-92 "图表工具"|"设计"工具栏

(3) 选中图表绘图区,单击"图表工具"|"布局"选项卡(如图 2-93 所示)中的"网格线"按钮,设置成"主要次要网格线"。

图 2-93 "图表工具"|"布局"工具栏

(4) 选中图表绘图区,右击,在弹出的快捷菜单中选择"设置绘图区格式"选项,弹出如图 2-94 所示的"设置绘图区格式"对话框,在该对话框中选择"填充"等选项,设置绘图区底纹;也可以选择"图表工具"|"格式"选项卡下的"形状样式",设置底纹。

(5) 选中图表区,同样右击,在弹出的快捷菜单中选择"设置图表区域格式"选项,弹出如图 2-95 所示的"设置图表区格式"对话框,在该对话框中选择"填充"选项,设置图表区底纹;选择"边框样式",勾选"圆角"选项。

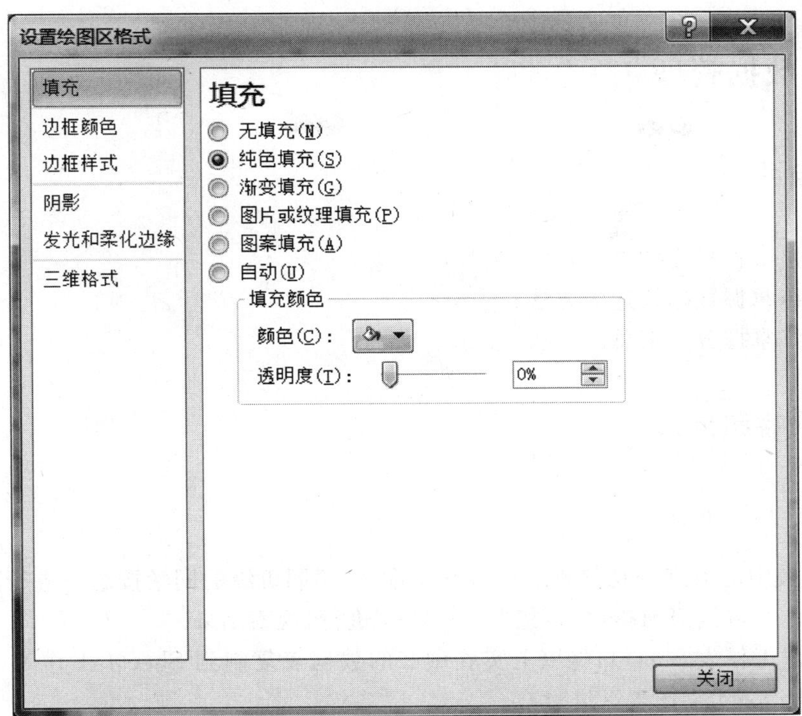

图 2-94 “设置绘图区格式”对话框

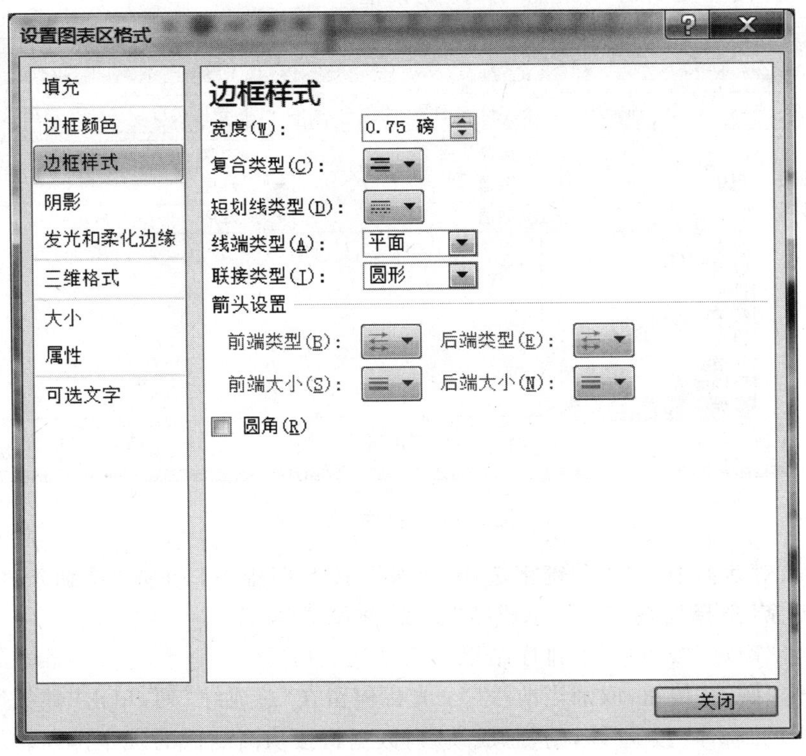

图 2-95 “设置图表区格式”对话框

实验3　数据管理

一、实验目的

(1) 掌握数据排序的方法；
(2) 熟练掌握数据筛选的方法；
(3) 熟练掌握分类汇总的方法。

二、实验内容和步骤

1. 排序

将数据表中的数据分别按班级进行升序排序、相同班级的同学按总分进行降序排序，并观察排序结果；取消当前排序，再按照“总成绩”进行，观察结果。

(1) 新建工作表 Sheet4，将以上实验做好的数据表复制到 Sheet4 工作表(所有数据管理操作将在 Sheet4 工作表下进行)。

(2) 鼠标停留在数据表任意位置，单击系统菜单“数据”|“排序和筛选”选项卡中的“排序”按钮，弹出如图 2-96 所示的“排序”对话框。

图 2-96　“排序”对话框

(3) 在该对话框中，主要关键字选择“班级”(按升序排序)，单击“添加条件”按钮，则出现“次要关键字”选择列表，选择“总成绩”字段，并设置“降序”。

(4) 单击“确定”按钮，观察排序结果。

(5) 单击“撤销”按钮，取消当前排序；光标停留在“总成绩”列，单击“数据”|“排序和筛选”工具栏中的“降序”按钮，则“总成绩”列数据将按从高到低的次序排列。

2. 筛选

在表格中,筛选 111 班的学生成绩,为 111 班制作班级成绩表;筛选总分大于 270 分的同学成绩制作优秀成绩表。

(1) 光标停留在数据表格中,单击系统菜单“数据”|“排序和筛选”选项卡中的“筛选”按钮,则数据表将出现如图 2-97 所示样式。

各班期中考试成绩表

升序(S)
降序(O)
按颜色排序(T)
从“班级”中清除筛选(C)
按颜色筛选(I)
数字筛选(F)
搜索
(全选)
111
112
113
平均分
确定 取消

性别	数学	语文	政治	平均成绩	总成绩
男	87	88	91	88.67	266
男	68	55	85	69.33	208
男	88	87	88	87.67	263
女	86	93	100	93.00	279
男	95	77	98	90.00	270
女	84	72	97	84.33	253
男	49	73	80	67.33	202
女	74	96	84	84.67	254
女	88	79	59	75.33	226
男	75	89	92	85.33	256
男	58	90	87	78.33	235
女	85	98	99	94.00	282
男	93	93	96	94.00	282
男	82	72	92	82.00	246
女	84	88	87	86.33	259
男	42	96	68	68.67	206
男	81	64	67	70.67	212

图 2-97 “筛选”数据样例

(2) 选中表头“班级”单元格的下拉箭头,出现“筛选条件”对话框;勾选 111 班选项,单击“确定”按钮,则数据表只显示 111 班数据。

(3) 对 111 班数据区域进行“复制”“粘贴”(全部粘贴)至 A40,添加数据表标题“111 班学生成绩表”,并将表标题跨列居中。

(4) 单击“清除”按钮,取消以上筛选格式,光标重新停留在筛选数据表中,选择“总成绩”列的下拉列表,选择“数字筛选”中的“大于”选项(如图 2-98 所示),弹出“自定义自动筛选方式”对话框(如图 2-99 所示)。

(5) 在该对话框中,在“总成绩”下选择“大于或等于”,右边下拉文本框内填写“270”,单击“确定”按钮。

(6) 复制和粘贴总分“大于等于 270”的学生数据至 A50 起始位置,添加表标题为“总分大于 270 分学生成绩表”。

(7) 选中被筛选的数据表,单击“筛选”按钮,则取消原表筛选功能。

3. 分类汇总

对数据表进行分类汇总,显示每个班级各门课程的平均成绩。

(1) 光标停在数据表区域内,对数据表按照班级排序。

图 2-98 "数字筛选"命令

图 2-99 "自定义自动筛选方式"对话框

(2) 选择系统工具栏"数据"|"分类汇总"命令,弹出如图 2-100 所示的"分类汇总"对话框。

(3) 在该对话框中,"分类字段"选取"班级";"汇总方式"选取"平均值";"选定汇总项"勾选"数学""语文""政治"。

(4)单击"确定"按钮,查看结果,如图 2-101 所示。

4. 数据透视表和数据透视图

制作数据透视图表,统计每个班男女同学的数量,并以图表的方式表现每个班级的男女同学对比。

图 2-100 “分类汇总”对话框

	A	B	C	D	E	F	G	H	I
2		各班期中考试成绩表							
3		班级	姓名	性别	数学	语文	政治	平均成绩	总成绩
4		111	蔡琰	男	87	88	91	88.67	266
5		111	林琳	男	49	73	80	67.33	202
6		111	刘源翔	女	74	96	84	84.67	254
7		111	龙凯	女	88	79	59	75.33	226
8		111	王佳妮	女	84	88	87	86.33	259
9		111	杨强	男	76	94	95	88.33	265
10		111	张晨佳	男	93	96	80	89.67	269
11		111	赵明	男	96	78	90	88.00	264
12		**111 平均值**			80.875	86.5	83.25		
13		112	陈俊	男	68	55	85	69.33	208
14		112	罗永豪	男	75	89	92	85.33	256
15		112	邱杰	男	58	90	87	78.33	235
16		112	孙潇	女	85	98	99	94.00	282
17		112	孙振健	男	93	93	96	94.00	282
18		112	王丹丹	男	82	72	92	82.00	246
19		112	王晓斌	男	42	96	68	68.67	206
20		112	朱旭坤	男	81	75	93	83.00	249
21		**112 平均值**			73	83.5	89		
22		113	陈龙	男	88	87	88	87.67	263
23		113	邓丹枫	女	86	93	100	93.00	279
24		113	李海峰	男	95	77	98	90.00	270
25		113	李晟铭	女	84	72	97	84.33	253
26		113	吴浩	男	81	64	67	70.67	212
27		113	杨晓琳	男	76	79	90	81.67	245
28		113	张宗伟	女	94	96	73	87.67	263
29		113	周忆宁	男	81	56	64	67.00	201
30		**113 平均值**			85.625	78	84.625		
31		平均分			79.61	82.85	85.66	82.71	
32		**平均分 平均值**			79.61	82.85	85.66		
33		**总计平均值**			79.82	82.67	85.63		

图 2-101 “分类汇总”样例

(1) 新建工作表 Sheet5,将以上实验制作好的数据表复制到 Sheet5 工作表(所有数据管理操作将在 Sheet5 工作表下进行)。

(2) 光标停在当前数据表中,单击系统工具栏"插入"|"表格"选项卡上的"数据透视表"按钮,选择"数据透视图"选项,则打开如图 2-102 所示的"创建数据透视表及数据透视图"对话框,在该对话框中选择要分析的数据区域,透视表和图可以在新工作表中产生。

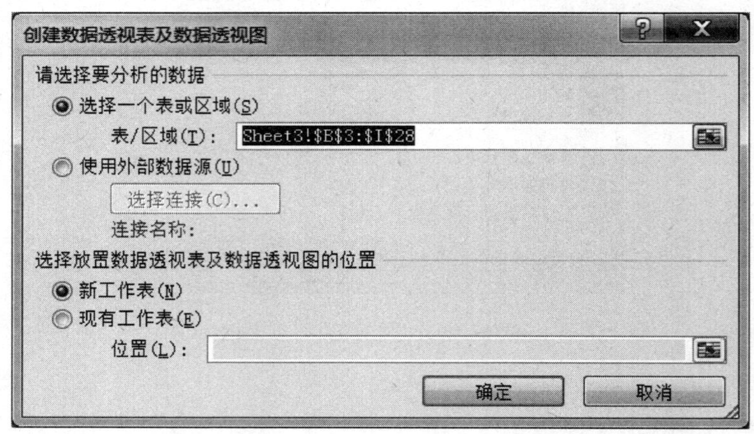

图 2-102 "创建数据透视表及数据透视图"对话框

(3) 单击"确定"按钮后,则在透视图编辑区域将出现如图 2-103 所示对话框和数据表以及图表样式。

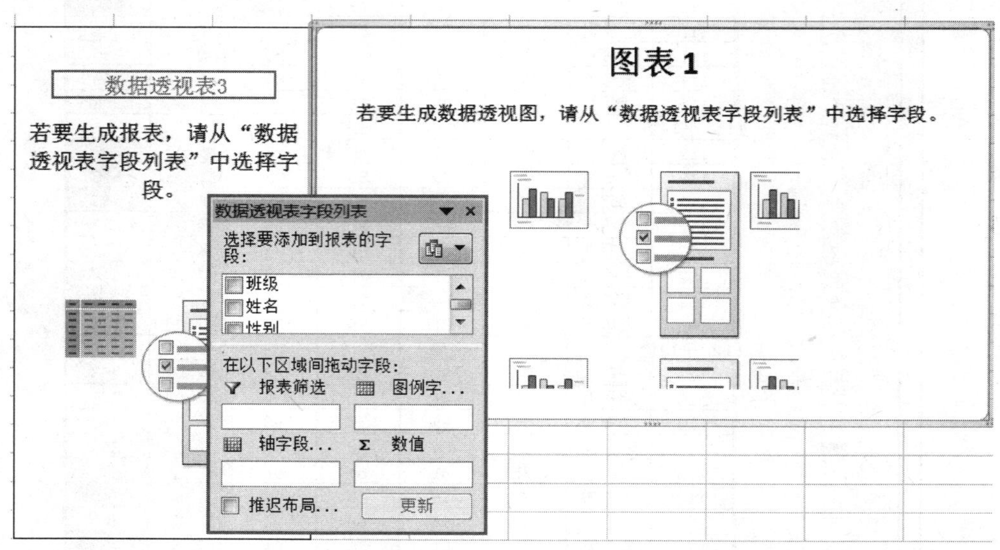

图 2-103 "数据透视图表"编辑状态

(4) 在"数据透视表字段列表"对话框内,拖动"班级"字段至"轴字段",拖动"性别"字段到"图例字",拖动"姓名"字段到"数值";则编辑区域将变成如图 2-104 所示样式。

(5) 关闭"数据透视表字段列表"对话框,然后可以进一步对数据透视图做格式化。

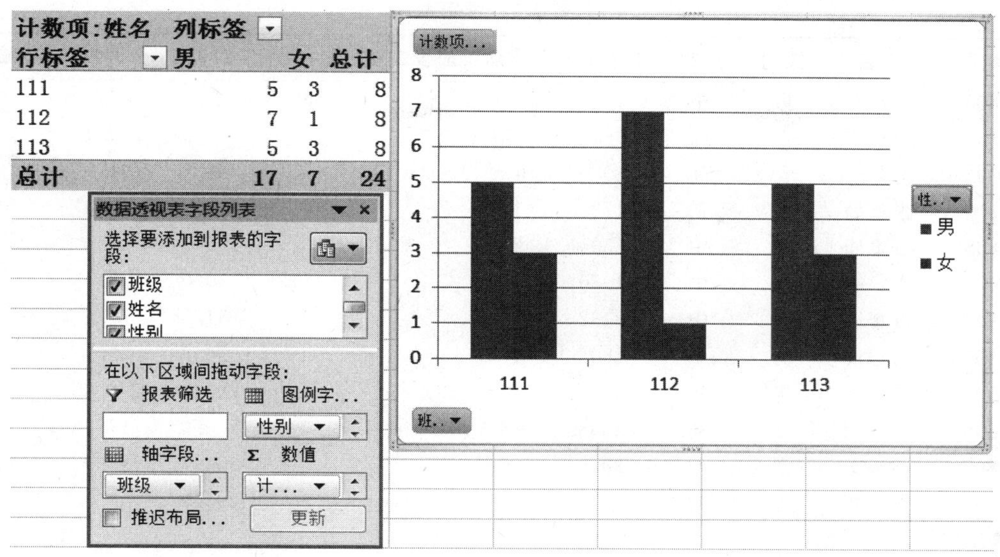

图 2-104 “数据透视表和数据透视图”样式

实验 4 综合应用

一、实验目的

综合应用前面掌握的知识,熟练地对 Excel 表格进行操作和管理。

二、实验内容和步骤

(1) 创建如“样表 1”(表 2-1)所示“职工工资表”。

(2) 添加表标题为“XXX 公司职工工资表”,对上述工资表实现格式化:表格字体为宋体 12 号,所有表格数据居中;部门、姓名、性别及职级列设置“文本”格式,其他列设置为数字格式,应发工资、实发工资列设置为人民币符号,保留两位小数;表标题跨列居中,设置为“华文楷体,标准色/紫色、28 号字、粗体”,表标题底纹为“标准色/浅绿色”。

(3) 为表格设置边框:颜色为深蓝-文字 2-淡色 40%,粗外框和双线内框。部门列和姓名列设置为单元格样式中的“主题单元格样式-40%”。

(4) 使用公式,计算“应发工资”(应发工资=基本工资+津贴)、“实发工资”(实发工资=应发工资-工会费-四金-个调税);使用函数,计算最高工资和平均工资。

(5) 将表中的应发工资列设置为条件格式:基本工资设置为“红-白-蓝色阶”,应发工资设置为“渐变填充橙色数据条”,实发工资设置为“项目选取规则:高于平均值—绿色填充深绿色文本”(边框和底纹以及各种格式效果如“样表 2”(图 2-105))。

(6) 将数据表生成各种类型的图表(图 2-106),按样张对图表进行格式化。

表 2-1　样表 1

部门	姓名	性别	职级	基本工资	津贴	应发工资	工会费	四金	个调税	实发工资
0805	万思荣	男	中	2750	170		5	0.0	67.0	
0805	梁双双	女	高	3630	150		5	0.0	153.0	
0805	王菊红	女	高	3080	120		5	336.7	61.3	
0805	张和静	男	初	1728	150		5	293.9	0.0	
0805	王忠仙	女	中	2530	240		5	293.9	23.8	
0805	严婷婷	女	中	1980	60		5	0.0	2.0	
0805	黄娅楠	男	中	3132	240		5	351.5	77.1	
0805	杨心仪	男	中	2808	170		5	336.7	39.1	
0806	汪效震	男	初	2310	120		5	293.9	6.8	
0806	朱少达	女	初	2268	80		5	0.0	17.4	
0806	姚添文	女	中	2916	60		5	336.7	38.9	
0806	蔡玉波	男	初	1944	40		5	293.9	0.0	
最高工资										
平均工资										

A	B	C	D	E	F	G	H	I	J	K
XXX公司职工工资表										
部门	姓名	性别	职级	基本工资	津贴	应发工资	工会费	四金	个调税	实发工资
805	万思荣	男	中	2750	170	¥ 2,920.00	5	0	67	¥ 2,848.00
805	梁双双	女	高	3630	150	¥ 3,780.00	5	0	153	¥ 3,622.00
805	王菊红	女	高	3080	120	¥ 3,200.00	5	337	61	¥ 2,797.00
805	张和静	男	初	1728	150	¥ 1,878.00	5	294	0	¥ 1,579.10
805	王忠仙	女	中	2530	240	¥ 2,770.00	5	294	24	¥ 2,447.30
805	严婷婷	女	中	1980	60	¥ 2,040.00	5	0	2	¥ 2,033.00
805	黄娅楠	男	中	3132	240	¥ 3,372.00	5	352	77	¥ 2,938.40
805	杨心仪	男	中	2808	170	¥ 2,978.00	5	337	39	¥ 2,597.20
806	汪效震	男	初	2310	120	¥ 2,430.00	5	294	7	¥ 2,124.30
806	朱少达	女	初	2268	80	¥ 2,348.00	5	0	17	¥ 2,325.60
806	姚添文	女	中	2916	60	¥ 2,976.00	5	337	39	¥ 2,595.40
806	蔡玉波	男	初	1944	40	¥ 1,984.00	5	294	0	¥ 1,685.10
最高工资										¥ 3,622.00
平均工资										¥ 2,466.03

图 2-105　样表 2

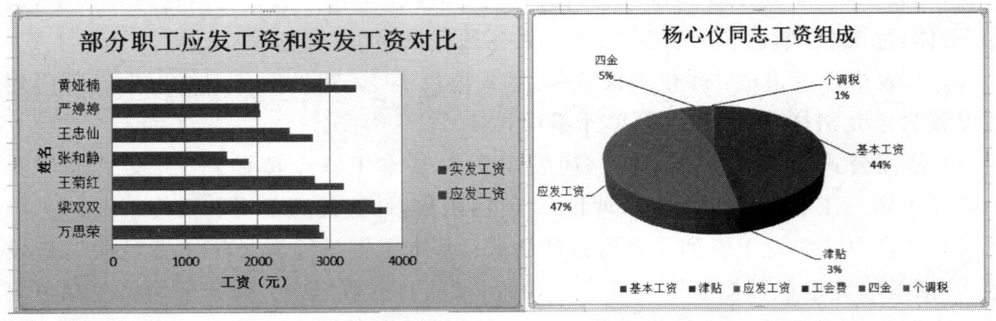

图 2-106　样张图表 1 和图表 2

（7）将表格数据分别按照“实发工资”进行排序，观察结果。

（8）将表格数据按照“部门”进行筛选，生成部门 805 的“职工工资表”（如“样表 3”（图 2-107）），将新生成的表复制到 Sheet3 中，添加表标题。

805部门职工工资表

部门	姓名	性别	职级	基本工资	津贴	应发工资	工会费	四金	个调税	实发工资
805	万思荣	男	中	2750	170	¥ 2,920.00	5	0	67	¥ 2,848.00
805	梁双双	女	高	3630	150	¥ 3,780.00	5	0	153	¥ 3,622.00
805	王菊红	女	高	3080	120	¥ 3,200.00	5	337	61	¥ 2,797.00
805	张和静	男	初	1728	150	¥ 1,878.00	5	294	0	¥ 1,579.10
805	王忠仙	女	中	2530	240	¥ 2,770.00	5	294	24	¥ 2,447.30
805	严婷婷	女	中	1980	60	¥ 2,040.00	5	0	2	¥ 2,033.00
805	黄娅楠	男	中	3132	240	¥ 3,372.00	5	352	77	¥ 2,938.40
805	杨心仪	男	中	2808	170	¥ 2,978.00	5	337	39	¥ 2,597.20

图 2-107 样表 3

（9）将数据表进行分类汇总（按部门求和），汇总项目为“实发工资”，将汇总数据保留在 Sheet4 中（如样表 4（图 2-108））。

	A	B	C	D	E	F	G	H	I	J	K
1	XXX公司职工工资汇总表										
2	部门	姓名	性别	职级	基本工资	津贴	应发工资	工会费	四金	个调税	实发工资
3	805	万思荣	男	中	2750	170	¥ 2,920.00	5	0	67	¥ 2,848.00
4	805	梁双双	女	高	3630	150	¥ 3,780.00	5	0	153	¥ 3,622.00
5	805	王菊红	女	高	3080	120	¥ 3,200.00	5	337	61	¥ 2,797.00
6	805	张和静	男	初	1728	150	¥ 1,878.00	5	294	0	¥ 1,579.10
7	805	王忠仙	女	中	2530	240	¥ 2,770.00	5	294	24	¥ 2,447.30
8	805	严婷婷	女	中	1980	60	¥ 2,040.00	5	0	2	¥ 2,033.00
9	805	黄娅楠	男	中	3132	240	¥ 3,372.00	5	352	77	¥ 2,938.40
10	805	杨心仪	男	中	2808	170	¥ 2,978.00	5	337	39	¥ 2,597.20
11	**805 汇总**										¥ 20,862.00
12	806	汪效震	男	初	2310	120	¥ 2,430.00	5	294	7	¥ 2,124.30
13	806	朱少达	女	初	2268	80	¥ 2,348.00	5	0	17	¥ 2,325.60
14	806	姚添文	女	中	2916	60	¥ 2,976.00	5	337	39	¥ 2,595.40
15	806	蔡玉波	男	初	1944	40	¥ 1,984.00	5	294	0	¥ 1,685.10
16	**806 汇总**										¥ 8,730.40
17	**总计**										¥ 29,592.40

图 2-108 样表 4

（10）制作数据透视表，统计不同部门中的各种职级的人数（如样表 5（图 2-109））。

计数项:姓名	列标签			
行标签	初	高	中	总计
805	1	2	4	7
806	3		2	5
总计	4	2	6	12

图 2-109 样表 5

（11）将以上结果保存到 D 盘“职工工资表”文件夹中，文件名为“2016 年 12 月 XXX 公司职工工资汇总表”。

实验5　综合练习

一、实验目的

综合应用前面掌握的知识,根据样张使用 Excel 进行数据操作。

二、实验内容和步骤

说明:“素材”文件夹可以向任课老师索取或通过下列地址下载: http://jsjxy.shiep.edu.cn/base/download/sucai2017.zip

1. 综合练习一

启动 Excel 2010,打开素材中 Excel\Excel1 文件夹下的 Excel.xlsx 文件,按下列要求并参照样张(图 2-110)完成以下操作。

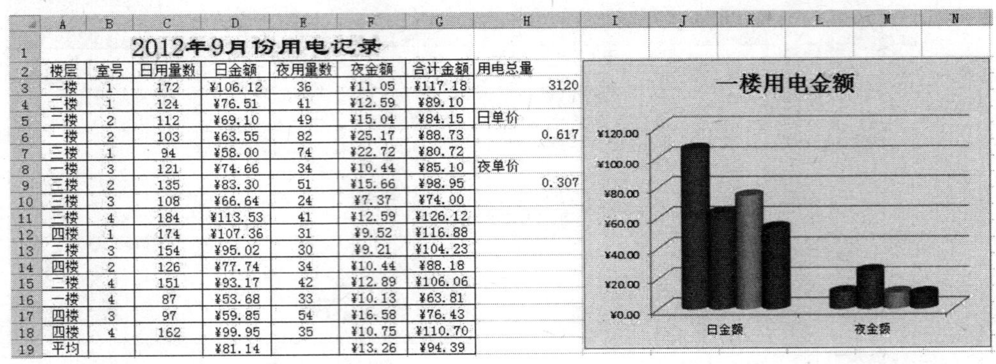

2012年9月份用电记录

楼层	室号	日用量数	日金额	夜用量数	夜金额	合计金额	
							用电总量
一楼	1	172	¥106.12	36	¥11.05	¥117.18	3120
二楼	1	124	¥76.51	41	¥12.59	¥89.10	
二楼	2	112	¥69.10	49	¥15.04	¥84.15	日单价
一楼	2	103	¥63.55	82	¥25.17	¥88.73	0.617
三楼	1	94	¥58.00	74	¥22.72	¥80.72	
一楼	3	121	¥74.66	34	¥10.44	¥85.10	夜单价
三楼	2	135	¥83.30	51	¥15.66	¥98.95	0.307
三楼	3	108	¥66.64	24	¥7.37	¥74.00	
三楼	4	184	¥113.53	41	¥12.59	¥126.12	
四楼	1	174	¥107.36	31	¥9.52	¥116.88	
二楼	3	154	¥95.02	30	¥9.21	¥104.23	
四楼	2	126	¥77.74	34	¥10.44	¥88.18	
二楼	4	151	¥93.17	42	¥12.89	¥106.06	
一楼	4	87	¥53.68	33	¥10.13	¥63.81	
四楼	3	97	¥59.85	54	¥16.58	¥76.43	
四楼	4	162	¥99.95	35	¥10.75	¥110.70	
平均			¥81.14		¥13.26	¥94.39	

图 2-110　Excel 样张 1

(1) 利用公式计算:日金额(=日用量数×日单价),夜金额(=夜用量数×夜单价),合计金额(=日金额+夜金额),并计算平均值。

(2) 设置表格标题字体格式为:隶书、20 磅,并在 A1:G1 区域内合并后居中显示。如样张所示设置相关单元格中数值格式为货币格式,所有单元格中内容居中对齐,并按样张设置表格的框线。

(3) 添加图表:按样张所示取一楼的“日金额”和“夜金额”数据在 I2:N19 区域中生成簇状圆柱图表,图表标题为“一楼用电金额”,删除图表中的图例,为图表区填充“茶色、背景 2”颜色。

2. 综合练习二

启动 Excel 2010,打开素材中 Excel\Excel2 文件夹下的 Excel.xlsx 文件,按下列要求并参照样张(图 2-111)完成以下操作。

	A	B	C	D	E	F	G	H	I	J	K
1	2012年9月份用电记录										
2	楼层	室号	日用量数	日金额	夜用量数	夜金额	合计金额	已用电量	尚余电量		用电总量
3	一楼	1	172	¥ 106.12	36	¥ 11.05	¥ 117.18				3120
4	一楼	2	103	¥ 63.55	82	¥ 25.17	¥ 88.73				
5	一楼	3	121	¥ 74.66	34	¥ 10.44	¥ 85.10				日单价
6	一楼	4	87	¥ 53.68	33	¥ 10.13	¥ 63.81				0.617
7	二楼	1	124	¥ 76.51	41	¥ 12.59	¥ 89.10				
8	二楼	2	112	¥ 69.10	49	¥ 15.04	¥ 84.15				夜单价
9	二楼	3	154	¥ 95.02	30	¥ 9.21	¥ 104.23				0.307
10	二楼	4	151	¥ 93.17	42	¥ 12.89	¥ 106.06				
11	三楼	1	94	¥ 58.00	74	¥ 22.72	¥ 80.72				
12	三楼	2	135	¥ 83.30	51	¥ 15.66	¥ 98.95				
13	三楼	3	108	¥ 66.64	24	¥ 7.37	¥ 74.00				
14	三楼	4	184	¥ 113.53	41	¥ 12.59	¥ 126.12				
15	四楼	1	174	¥ 107.36	31	¥ 9.52	¥ 116.88				
16	四楼	2	126	¥ 77.74	34	¥ 10.44	¥ 88.18				
17	四楼	3	97	¥ 59.85	54	¥ 16.58	¥ 76.43				
18	四楼	4	162	¥ 99.95	35	¥ 10.75	¥ 110.70				
19	平均										

图 2-111 Excel 样张 2

(1) 设置表格标题为：蓝色、粗体、隶书、大小 16，其中“9 月份”设置成绿色，在 A1:I1 区域内合并后居中显示；设置行高为 30 磅。

(2) 利用公式计算：日金额(＝日用量数×日单价)、夜金额(＝夜用量数×夜单价)和合计金额(＝日金额＋夜金额)；设置表格中所有金额数值单元格为会计专用格式。

(3) 将表格以“楼层”为主要关键字升序，排序方法按笔画排序，“室号”为次要关键字升序(“平均”行不参与排序)；并按样张设置表格的框线。

第三部分 PowerPoint 2010 的使用

实验 1 创建演示文稿

一、实验目的

(1) 掌握演示文稿的创建方法；

(2) 熟练掌握利用幻灯片版式制作不同版面的幻灯片；

(3) 利用 PowerPoint 提供的各种对象丰富版面内容，美化演示文稿。

二、实验内容和步骤

1. 幻灯片版式的应用

新建演示文稿(学校.pptx)，采用如图 2-112 所示版式，分别创建三张幻灯片，并输入文字信息。

(1) 启动 PowerPoint 2010。

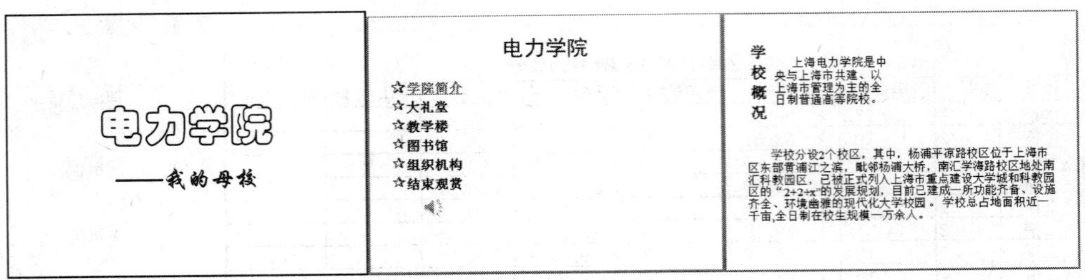

图 2-112 “幻灯片”样张 1

(2) 在出现的“幻灯片”文档中，选取工具栏“开始”|“新建幻灯片”(如图 2-113 所示)中合适的幻灯片版式进行制作。

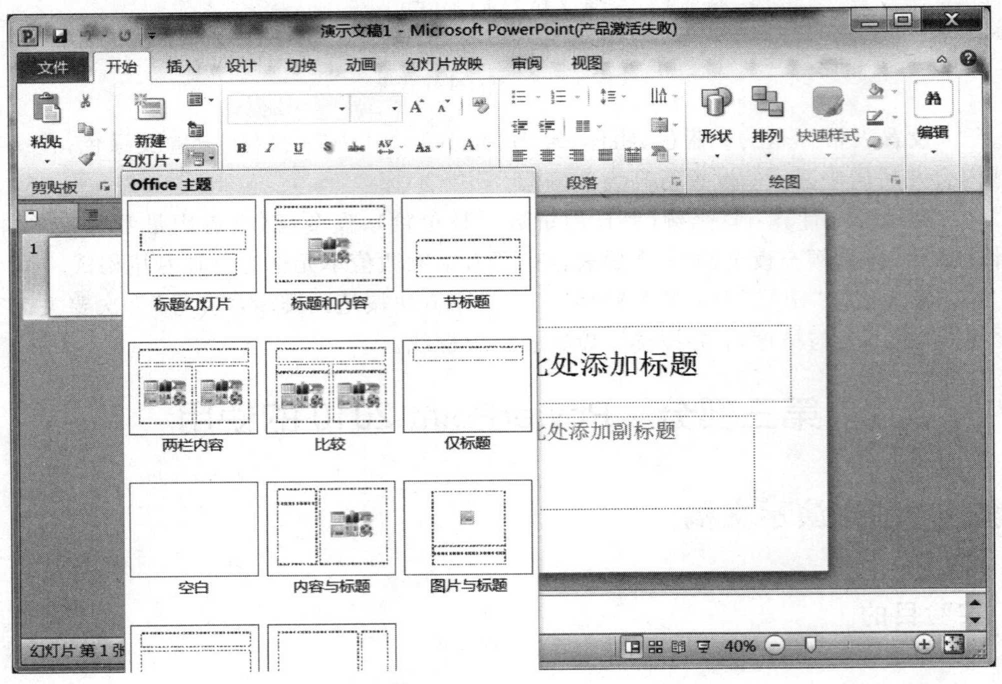

图 2-113 “新建幻灯片”选项

(3) 制作“标题”幻灯片：单击主标题区域的占位符，输入标题文字“电力学院”，采取同样的方式，在副标题占位符中输入“——我的母校”。

(4) 制作“两栏内容”版式幻灯片：单击工具栏中的“新建幻灯片”按钮，选择“两栏内容”版式，在标题占位符中输入“电力学院”，在左侧文本占位符中输入“学院简介”“大礼堂”“教学楼”“图书馆”等内容。

(5) 制作“自由版式”幻灯片：增加一张“空白”版式幻灯片，单击“绘图”栏中的“文本框”按钮(竖排)，然后将鼠标指针放在空白幻灯片的适当位置，单击工具栏“插入”|“文本框”按钮，选择要插入的文本框的样式(横排或竖排)，用鼠标在幻灯片上拖曳一矩形方框，则出现文本框，这时在文本框中输入“校园简介”；使用同样方法，完成其他两个文本框的设置和内容的输入。

(6) 参照以上样张，调整幻灯片上内容的版面布局，并保存文件。

2. 幻灯片文字格式化

参照样张，对各章幻灯片上文字内容进行格式化。

第一张：大标题设置“华文琥珀，88 号”，小标题设置“华文行楷，48 号”，同时对大标题设置艺术文本效果：填充水绿色-强调文字颜色 1-金属棱台-映像；小标题设置合适的形状样式。

第二张：为文本框各小标题设置项目符号“☆”，字体为“宋体，26 号”，标题字体设置“黑体，44 号”。

第三张：为各文本框中字体设置为“宋体，28 号”。

(1) 设置字体：选中要设置的文本框，单击系统菜单“开始”|“字体”选项卡上的命令，在如图 2-114 所示“字体”工具栏以及“段落”工具栏上根据不同要求，设置字体和对齐方式。

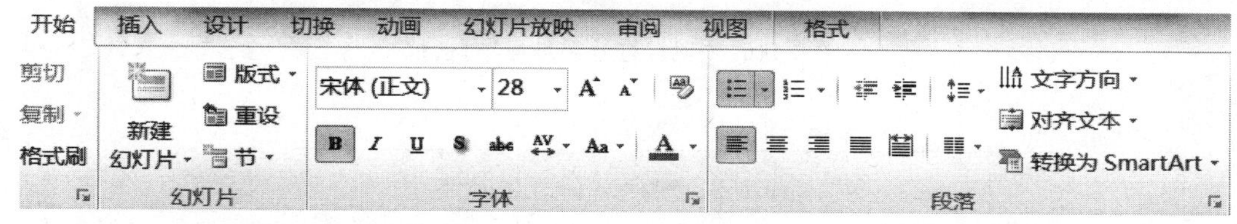

图 2-114 “字体”和“段落”工具栏

(2) 设置效果：选中要设置效果的文本框，这时工具栏切换成“绘图工具”状态(如图 2-115 所示)，选择合适的样式进行设定。

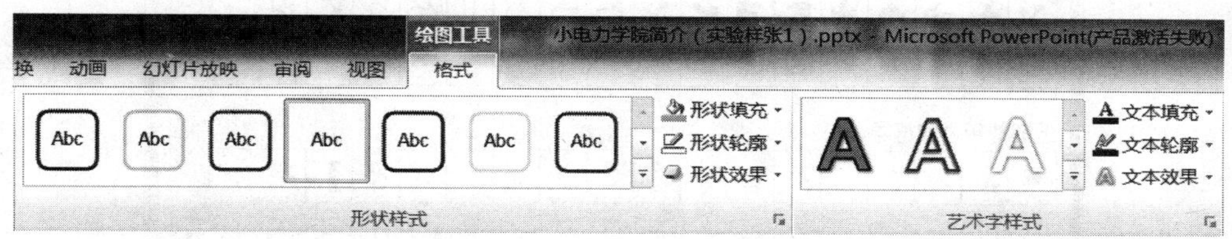

图 2-115 设置“文本”形状和艺术字样式

(3) 设置项目符号和编号：选中第二张幻灯片的小标题文本框，然后选择系统菜单“格式”|“项目符号和编号”命令 ☰▾，打开如图 2-116 所示“项目符号和编号”对话框，如果在其中没有要选择的项目符号，则单击“项目符号和编号”菜单选项，进一步打开“符号”对话框(如图 2-117 所示)，字体选择 Wingdings。

(4) 选择“☆”，单击“确定”按钮。

3. 插入各种对象

参照如图 2-118 所示样张为第二张、第三张添加各种对象。

第一张：插入背景音乐。

第二张：对“学院简介”设置超级链接，直接链接到第三张幻灯片。插入图片(图片可以来源于剪贴画，也可以来源于文件)并调整图片大小为 10×14。

第三张：插入图片，调整为合适大小。把标题“学校概况”设为艺术字效果。

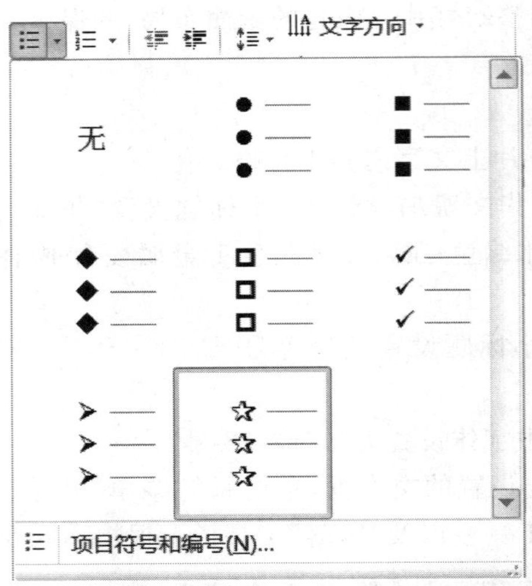

图 2-116 "项目符号和编号"对话框

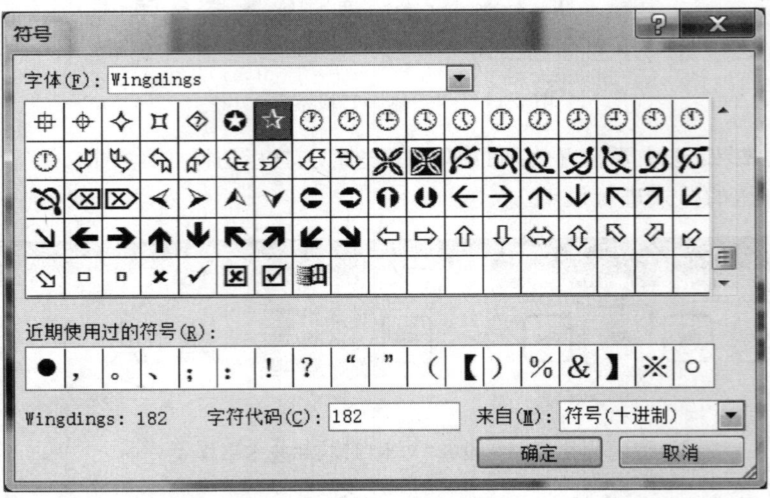

图 2-117 "符号"对话框

图 2-118 "幻灯片"样张 2

1）插入“音乐”

（1）单击系统菜单“插入”|“音频”按钮；弹出如图 2-119 所示的“插入音频”对话框，通过浏览找到该文件，然后双击该文件将其插入。

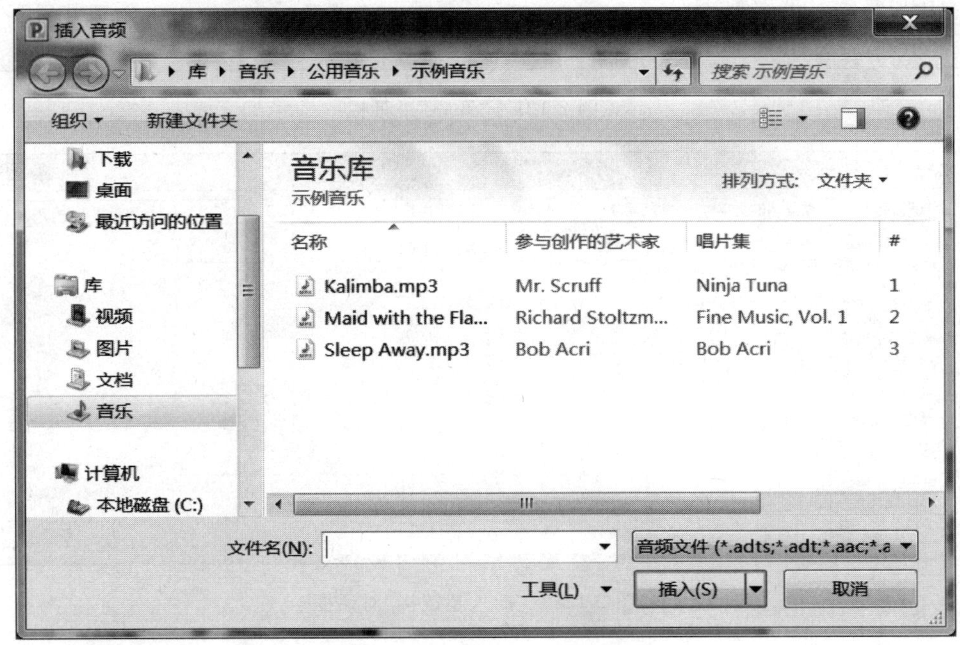

图 2-119 “插入音频”对话框

（2）音频插入后，会出现一个形状对象，右击此按钮，在弹出的快捷菜单中选择“剪裁音频”选项，弹出如图 2-120 所示对话框，可以对插入的歌曲声音进行剪辑。

图 2-120 “剪裁音频”对话框

（3）播放音频：选择该音频，系统菜单会切换成“音频工具”状态（图 2-121）；在“音频选项”中可以设置音频的播放时机及播放方式。

2）插入超链接

为第二张的小标题“学院简介”设置超级链接。

选取小标题“学院简介”，选择系统工具栏“插入”|“超链接”选项，弹出如图 2-122 所示的“插入超链接”对话框，选择链接到“本文档中的位置”，在“请选择文档中的位置”中选取“幻灯片标题：幻灯片 3”，单击“确定”按钮。

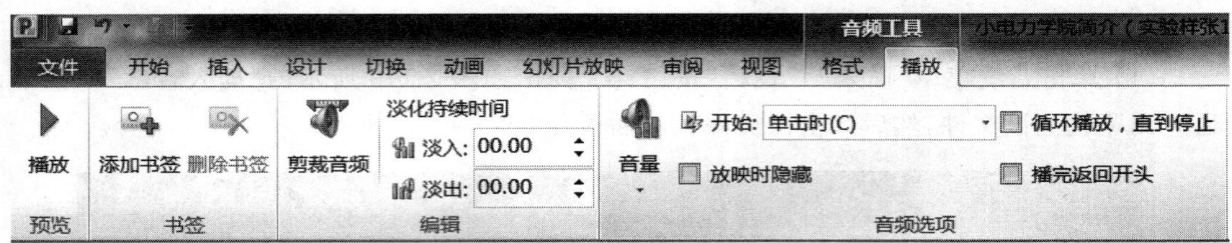

图 2-121 “音频”工具栏

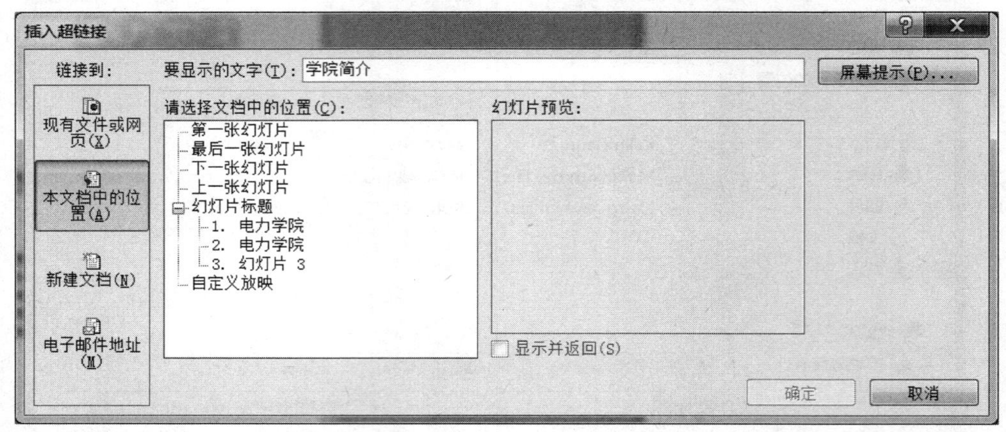

图 2-122 “插入超链接”对话框

有时需要给幻灯片的某些页设置“动作按钮”，实质上也是对幻灯片插入“超链接”。“动作按钮”的设置方式如下。

(1) 单击系统菜单“插入”|“动作”按钮，弹出如图 2-123 所示的“动作设置”对话框。

图 2-123 “动作设置”对话框

(2) 选取“超链接到”,单击下拉列表,可以选定要链接到的位置。

(3) 单击“确定”按钮。

3) 插入图片

在第二张中插入图片。

(1) 单击系统菜单“插入”|“图片”按钮,打开“插入图片”对话框,选取要插入的图片,单击“插入”按钮。

(2) 编辑图片:选中幻灯片中图片对象,右击,在弹出的快捷菜单中选择“设置图片格式”命令,弹出如图 2-124 所示的“设置图片格式”对话框,选取“大小”页,重新设置图片的高度和宽度分别为 10.24 厘米和 13 厘米;单击“确定”按钮。(设置图片格式的方式有多种,在 Word 实验中有相关的练习,在此不再赘述。)

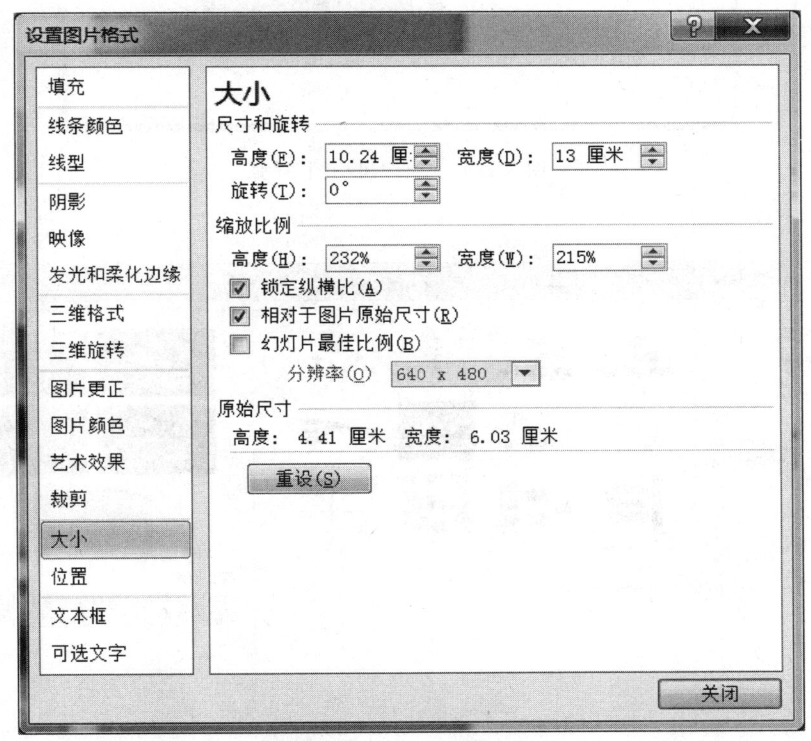

图 2-124 “设置图片格式”对话框

(3) 用同样的方法可以在第三张插入图片。

4) 组织机构图

新建一张幻灯片,在幻灯片内制作组织机构图(如图 2-125 所示)。

(1) 单击系统工具栏“插入”|SmartArt 按钮,打开如图 2-126 所示对话框,选择“层次结构”选项,在样式中选择“层次结构”,然后单击“确定”按钮。

(2) 选中出现的图形编辑框,则系统工具栏将切换成“SmartArt 工具”状态,如图 2-127 所示;在其中可以对选定的样式重新布局和重置。

(3) 如果要在不同层次中添加项目,选择当前的项目对象,并且在工具栏中单击“添加形状”按钮,可以在当前项目的前后左右添加项目。

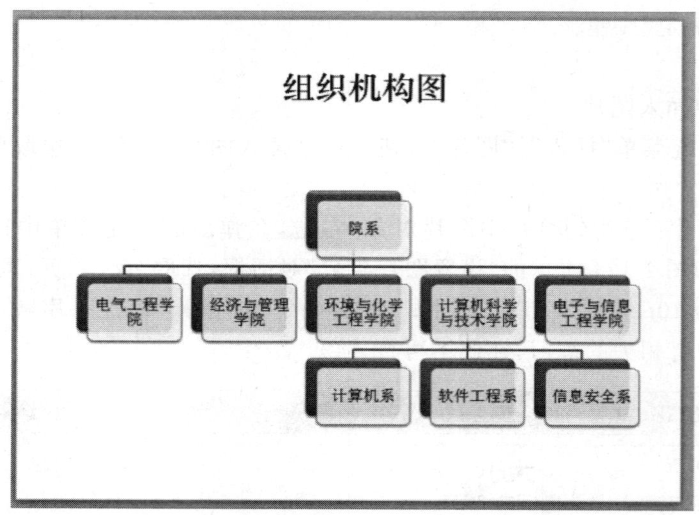

图 2-125 “组织机构图”样张

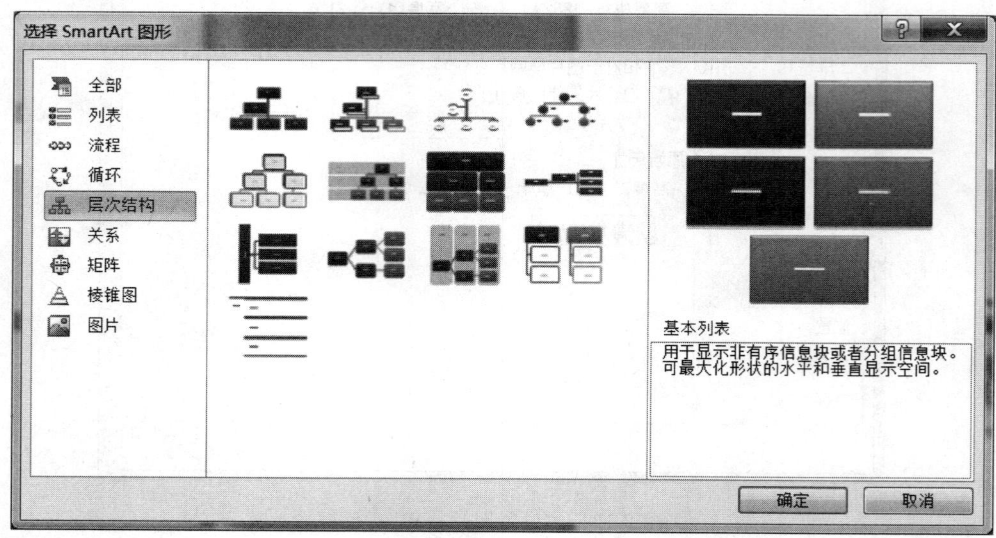

图 2-126 “选择 SmartArt 图形”对话框

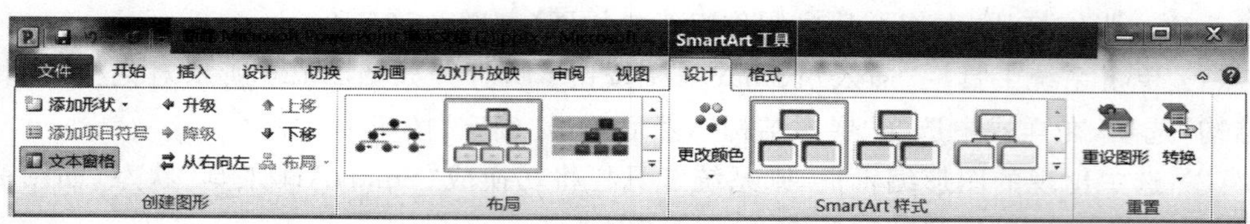

图 2-127 SmartArt 工具

（4）在编辑状态下输入文本（如图2-128所示）。

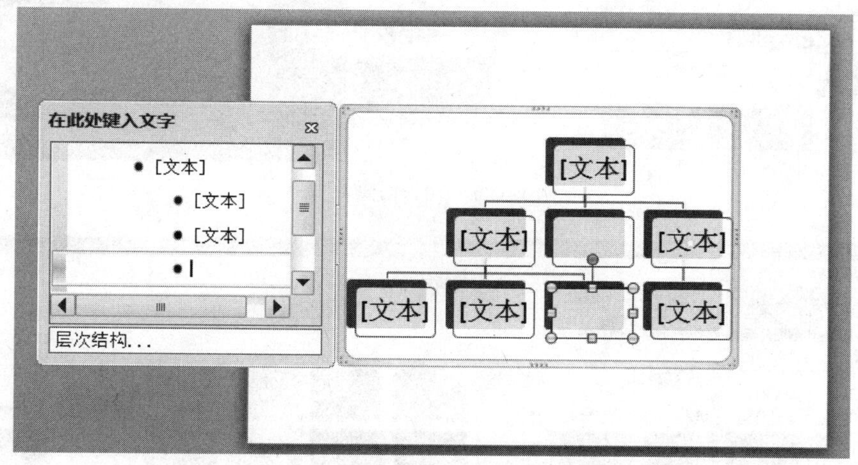

图2-128 “SmartArt图形”编辑状态

（5）切换至“SmartArt工具”栏的“格式”状态，在格式中选择文本对象的形状样式和艺术字样式。

（6）选中SmartArt图形，右击，在弹出的快捷菜单中选择“转换为形状”命令，则该SmartArt图形将转换为“形状”格式。

注意：在幻灯片中可以插入的对象还有很多种，如图表、表格、艺术字、公式等，插入的方法同Word章节中介绍的相同，在此不再赘述。

实验2 演示文稿的外观设置

一、实验目的

（1）掌握设计模板的功能，使幻灯片具有统一的外观；

（2）熟练掌握幻灯片配色方案的设置；

（3）利用母版功能，创建个性化幻灯片模板。

二、实验内容和步骤

1. 应用设计模板

改变幻灯片的背景，根据选题的不同，选取图2-129中合适的幻灯片设计模板。

（1）选择系统菜单“设计”|“主题”选项卡，应用系统提供多种主题的样式供选择，如图2-130所示“幻灯片设计”主题工具；鼠标停留在某种样式上时，就会出现预览效果；选择合适的“设计主题”，则整个演示文稿的幻灯片都应用于此模板。

（2）当选中某种主题后，还可以改变主题的配色方案，单击“设计”|“颜色”列表中的某种配色，选择适合的主题颜色（如图2-131所示）。

图 2-129 "幻灯片"样张 3

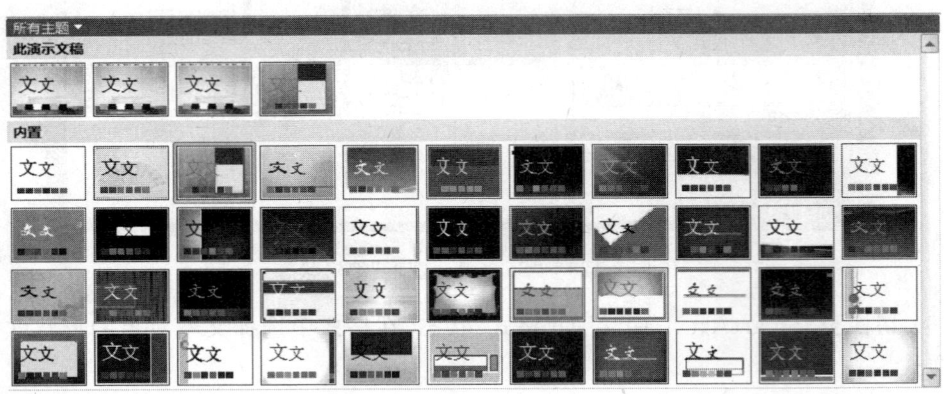

图 2-130 "幻灯片"设计

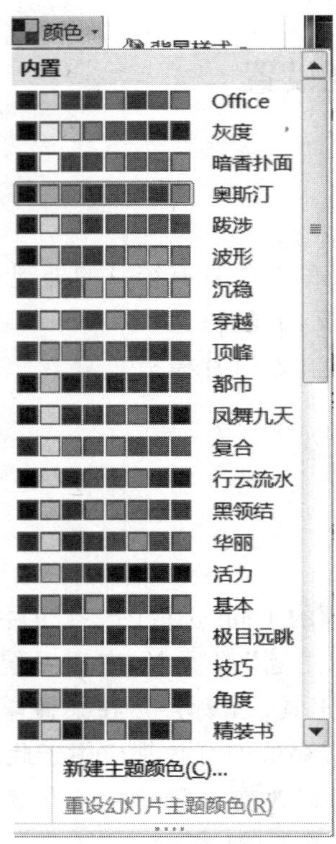

图 2-131 主题配色

(3) 单击“设计”|“背景样式”按钮，可以重新设置此主题的背景(如图 2-132 所示)；选择“设计背景格式”选项，在弹出的背景格式对话框中可以进一步设置有关背景的一些属性。

图 2-132 背景样式

注意：当本机上没有合适的模板时，也可选取 http://office.microsoft.com/zh-cn/templates/联机模板应用于幻灯片。

2. 母版的使用

为幻灯片添加“母版”设计，在“母版”上添加图片，放于幻灯片下方。

(1) 选择系统菜单“视图”|“幻灯片母版”选项卡，则工具栏将切换成如图 2-133 所示“幻灯片母版”编辑视图，同时出现幻灯片的母版设计视图，如图 2-134 所示。

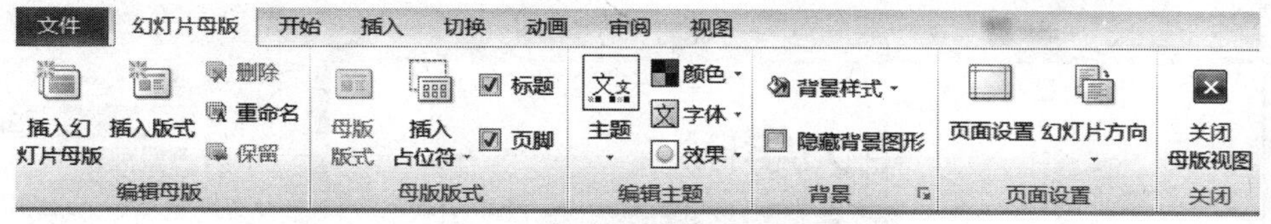

图 2-133 “幻灯片母版”工具栏

(2) 选择系统菜单“插入”|“图片”选项卡，选择一个图片文件进行插入，并放置于母版下方。

(3) 关闭母版视图，并观察效果。

注意：还可以在母版的不同区域放置诸如页码、日期、页脚等信息。

3. 幻灯片播放效果

1) 添加动画

给第二张幻灯片设置“自定义动画”效果。

(1) 选择第二张幻灯片，打开“动画”选项卡，则可以看到各种动画样式(如图 2-135 所示)，选中幻灯片的某个对象，再单击“动画”工具栏上的动画样式，则可以预览动画效果。

(2) 单击工具栏上的“动画窗格”按钮，将弹出“动画窗格”对话框(图 2-136)，该对话框中是已经设置好的动画记录，单击每个对象后边的下拉箭头，可以对该动画进行设置；可以拖动动画窗格中某个对象改变动画的出现次序。

图 2-134 “母版”样式

图 2-135 设置“自定义动画”

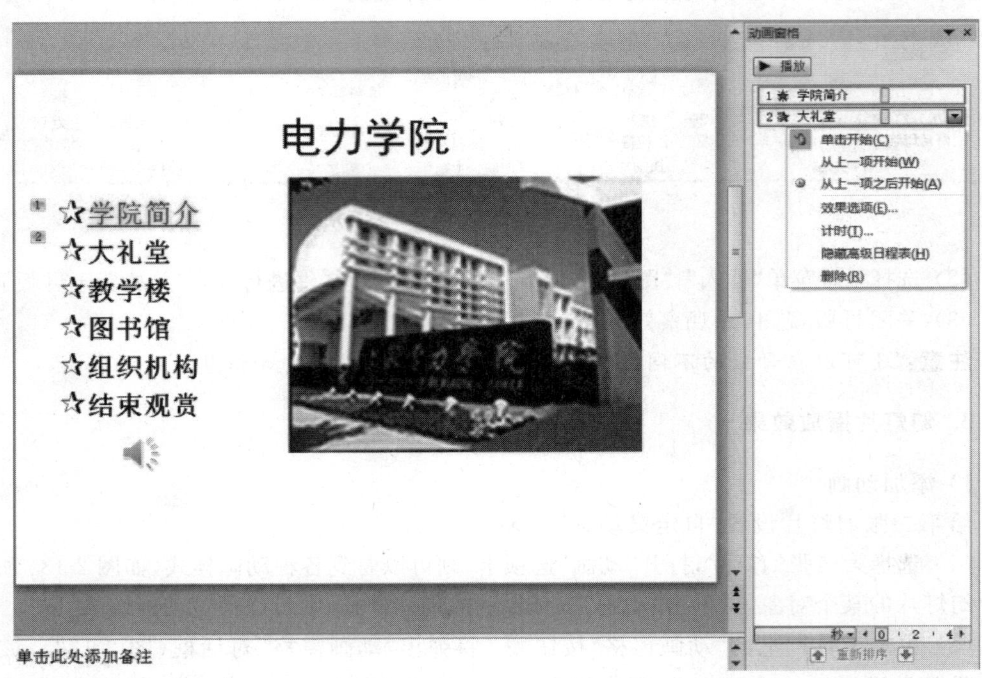

图 2-136 动画窗格

2）幻灯片的切换

将第三张幻灯片的切换效果设置为“立方体”，选项效果为“自左侧”，换片方式为“单击鼠标时”。

（1）选择第三张幻灯片，选择系统菜单“切换”选项卡，如图 2-137 所示，在工具栏中选择“切换样式”，可以看到预览效果；这里选定“立方体”样式。

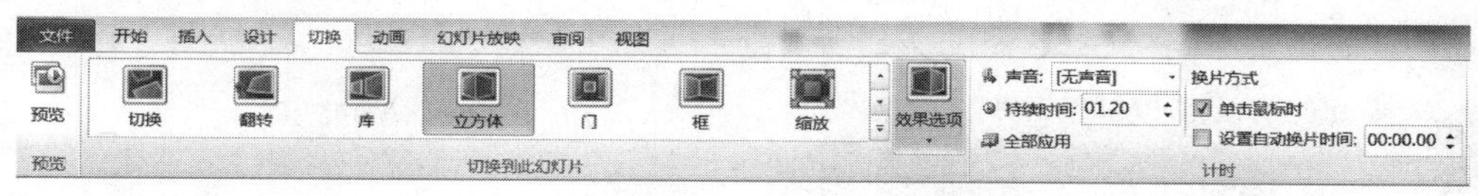

图 2-137 “切换”工具栏

（2）选择工具栏中的“效果选项”，可以设置切换的方向效果，这里选择“自左侧”切换的效果。

（3）在“计时”工具栏中，可以设定幻灯片自动切换的持续时间，也可以勾选“单击鼠标时”选项。

（4）设置切换效果完成后，可以单击“幻灯片放映”选项卡上的“从头开始”按钮，播放幻灯片。

3）排练计时，设置放映方式

进行排练计时，为每张幻灯片设置 10 秒播放时间。

（1）选择“幻灯片放映”|“排练计时”命令，进入放映计时状态（图 2-138）。

图 2-138 幻灯片放映“录制”器

（2）在“录制”器显示当前单张幻灯片演示时间为 10 秒，单击“下一页”按钮，设置演示时间，直至所有幻灯片处置完毕。

（3）实践自动播放演示文稿。

实验 3 综合应用（一）

一、实验目的

综合应用前面掌握的知识，熟练地制作 PPT。

二、实验内容和步骤

新建演示文稿文档，包含 4 张幻灯片，对“计算机基础知识”做概要介绍，要求如下。

（1）设计幻灯片主题：将第一张幻灯片主题设置为“暗香扑面”；其他幻灯片主题设置为“质朴”；尝试更改幻灯片的颜色和背景样式，查看效果。

（2）第一张幻灯片（图 2-139）采用“标题幻灯片”版式，标题为“第一章计算机基础知识”，主标题格式为“隶书、60 号、深蓝色、加粗”；对标题占位符设置“细微效果-褐色，强调颜色4"的样式；副标题格式为"华文中宋、44号，加粗、阴影"，文字效果"填充-深黄，强调文字颜色1-金属棱台-映像"。

(3) 第二张幻灯片(图2-140)采用"标题和内容"版式建立，输入标题和文字，标题格式"华文新魏，32号，加粗，红色"；对"2、计算机工作原理"制作超级链接至第4张幻灯片。

图2-139　第一张幻灯片

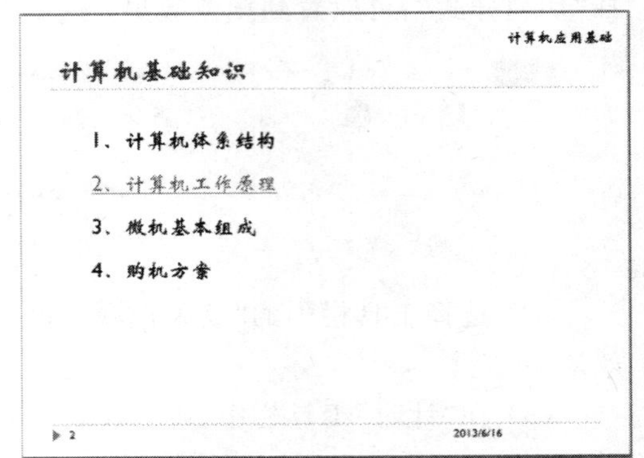

图2-140　第二张幻灯片

(4) 第三张幻灯片(图2-141)采用"空白"版式建立，在幻灯片内插入文字和图片。其中，"计算机体系结构"设置为艺术字效果；第二个文本框内三行汉字加项目符号"❖"；插入图片并调整大小(10×8)，和第三个文本框对象进行组合。

(5) 第四张幻灯片(图2-142)采用"标题和内容"版式，输入文字，标题设置为"华文新魏，32号，加粗，红色"，内容中分别对"第一步、第二步…..”设置动画效果。例如，"第一步…"动画方案为"飞入"，效果选项设置为"自左侧飞入"；"第二步…"动画方案为"劈裂"，添加强调效果为"陀螺旋"等。

图2-141　第三张幻灯片

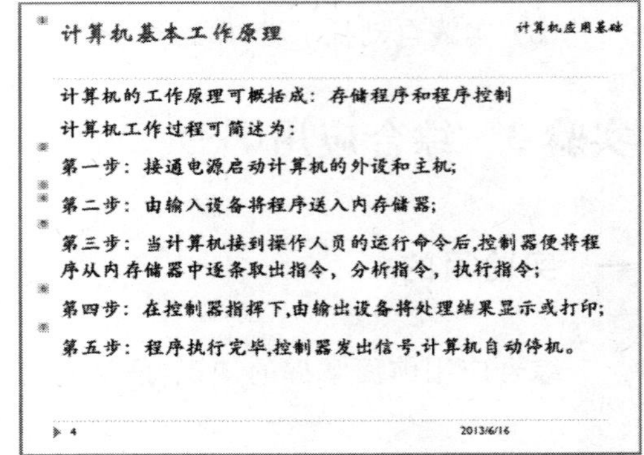

图2-142　第四张幻灯片

(6) 第五张幻灯片(图2-143)采用"标题和内容"版式，在内容栏插入SmartArt图形，Smart样式为"基本棱锥图，彩色轮廓，强调文字颜色3，中等效果"，输入文本，设置文本字体大小，并转换为形状；在幻灯片上绘制形状(双向箭头)。

(7) 第六张幻灯片(图2-144)采用"标题和内容"版式，在内容栏插入表格，表格第一栏合并单元格，表格字体居中，设置表格样式为"浅色样式，强调1"。

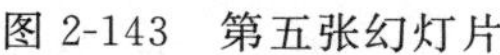

图 2-143 第五张幻灯片

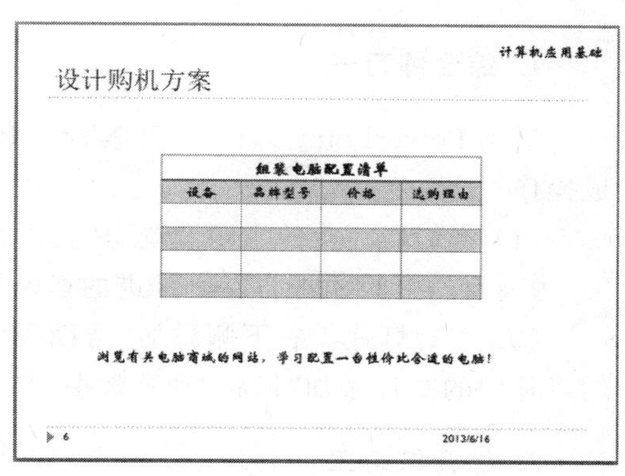

图 2-144 第六张幻灯片

(8) 为幻灯片插入“幻灯片编号”，包括日期。

(9) 利用母版设置幻灯片的外观，设置“幻灯片母版”，在母版的各种版式(除标题版式外)的右上角插入文字“计算机应用基础”；关闭母版，并查看效果。

(10) 将各幻灯片的切换效果；如对第一张设置“传送带”切换效果；为第二张设置“闪光”效果，为第三张设置“推进”效果，为第四张设置“旋转，自左侧”效果等。

实验 4 综合应用(二)

一、实验目的

综合应用前面掌握的知识，熟练地制作 PPT。

二、实验内容和步骤

新建演示文稿文档，包含 5 张以上幻灯片，对自己的专业做概要介绍，要求应用演示文稿主题，并加上适当的切换效果和动画效果。

实验 5 综合练习

一、实验目的

综合应用前面掌握的知识，使用 PowerPoint 进行演示文稿设计。

二、实验内容和步骤

说明：“素材”文件夹可以向任课老师索取或通过下列地址下载：http://jsjxy.shiep.edu.cn/base/download/sucai2017.zip

1. 综合练习一

启动 PowerPoint 2010,打开素材中 PPT 文件夹下的 Power1.pptx 文件,按下列要求完成操作。

(1) 将幻灯片 1 的主题设置为“波形”(提示:该主题上部为天蓝色背景),删除幻灯片 5。为所有幻灯片添加自左侧推进的切换方式。

(2) 在幻灯片 1 右下侧添加“帮助”动作按钮,并链接到最后一张幻灯片。为最后一张幻灯片中的图片添加“形状”动画效果,方向为缩小,形状为“菱形”。

2. 综合练习二

启动 PowerPoint 2010,打开素材中 PPT 文件夹下的 Power2.pptx 文件,按下列要求完成操作。

(1) 所有幻灯片使用“波形”主题(提示:该主题上部为天蓝色背景),“推进”切换方式。

(2) 设置第二张幻灯片中的图片在上一动画之后延迟 2s,以“轮子”进入的动画效果,标题文字“数字电视”超级链接到 http://www.dvbcn.com/。

习题

一、选择题(请选择一个正确答案)

1. 当选定文档中的非最后一段,进行有效的分栏操作后,必须在________视图才能看到分栏的结果。

A.“普通” B.“页面” C.“大纲” D.“Web 版式”

2. 在 Word 中的“插入”|SmartArt 命令不可插入________。

A. 列表 B. 文本 C. 艺术字 D. 自选图形

3. 每一个 Office 应用程序的菜单中都有“保存”命令和“另存为”命令,以下概念中,正确的是________。

A. 当文档首次存盘时,只能使用“保存”命令

B. 当文档首次存盘时,只能使用“另存为”命令

C. 当文档首次存盘时,无论使用“保存”命令或“另存为”命令,都会出现“另存为”对话框

D. 当文档首次存盘时,无论“保存”命令或“另存为”命令,都会出现“保存”对话框

4. Word 中“开始”选项卡中的格式刷的作用是________。

A. 复制 B. 粘贴 C. 复制格式信息 D. 剪切

5. Word 2010 中在文本编辑状态,执行“开始”|“粘贴”命令后,________。

A. 可以选择粘贴带格式的内容或仅仅是文字信息

B. 仅将剪贴板的文本内容复制到插入点处

C. 将被选定的内容复制到剪贴板

D. 被选定内容包括格式复制到剪贴板

6. 在Word默认情况下，输入了错误的英文单词时，会________。

A. 系统铃响，提示出错　　B. 在单词下有绿色下画波浪线

C. 在单词下有红色下画波浪线　　D. 自动更正

7. 调整图片大小可以用鼠标拖动图片四周任一控制点，但只有拖动________控制点，才能使图片等比例缩放。

A. 左或右　　B. 上或下　　C. 4个角之一　　D. 均不可以

8. 文档编辑排版结束，要想预览其打印效果，应选择Word中的________功能。

A. 打印预览　　B. 模拟打印　　C. 屏幕打印　　D. 打印

9. 要将表格中的多个单元格变成一个单元格，应执行“表格”菜单中的________命令。

A. 删除单元格　　B. 合并单元格　　C. 拆分单元格　　D. 绘制表格

10. 若某单元格中的公式为“=IF("教授">"助教",TRUE,FALSE)”，其计算结果为________。

A. TRUE　　B. FALSE　　C. 教授　　D. 助教

11. 如果将B3单元格中的公式“=C3+$D5”复制到同一工作表的D7单元格中，该单元格公式为________。

A. =C3+$D5　　B. =D7+$E9　　C. =E7+$D9　　D. =E7+$D5

12. 如果某单元格输入=“计算机文化”&“Excel”，结果为________。

A. 计算机文化&Excel　　B. “计算机文化”&“Excel”

C. 计算机文化Excel　　D. 以上都不对

13. Excel是一种________软件。

A. 文字处理　　B. 数据库　　C. 演示文稿　　D. 电子表格

14. 要在当前工作表(Sheet1)的A2单元格中引用另一个工作表，如Sheet4中A2到A7单元格的和，则在当前工作表的A2单元格输入的表达式应为________。

A. =SUM(Sheet！A2：A7)

B. =SUM(Sheet4！A2：Sheet4！A7)

C. =SUM(Sheet4A2：A7)

D. =SUM(Sheet4A2：Sheet4A7)

15. 当前工作表上有一学生情况数据列表(包含学号、姓名、专业三门主课成绩等字段)，如欲查询专业的每门课的平均成绩，以下最合适的方法是________。

A. 数据透视表　　B. 筛选　　C. 排序　　D. 建立图表

16. 为了取消分类汇总的操作，必须________。

A. 执行“编辑”|“删除”命令

B. 按Del键

C. 在分类汇总对话框中单击“全部删除”按钮

D. 以上都不可以

17. 在Excel中，“排序”对话框中需要选择三个关键字及排序方式，其中________。

A. 三个关键字都必须选择　　B. 三个关键字都不必选择

C. 主要关键字必须选择　　D. 主、次关键字必须选择

18. 以下关于“选择性粘贴”命令的使用,不正确的说法是________。

A. “粘贴”命令与“选择性粘贴”命令中的“全部”选项功能相同

B. “粘贴”命令与“选择性粘贴”命令之前的“复制”或“剪切”操作的操作方法完全相同

C. 使用“复制”“剪切”和“选择性粘贴”命令,完全可能用鼠标的拖曳操作来完成

D. 使用“选择性粘贴”命令可以将一个工作表中的选定区域进行行、列数据位置的转置

19. PowerPoint 中,在打印幻灯片时,一张 A4 纸最多可打印________张幻灯片。

A. 任意　　B. 3　　C. 6　　D. 9

20. 在 PowerPoint 2010 中,提供的视图显示方式有________。

A. 普通视图、幻灯片浏览视图、阅读视图、幻灯片放映视图

B. 普通视图、幻灯片浏览视图、幻灯片放映、备注页视图

C. 普通视图、幻灯片放映视图、大纲视图

D. 幻灯片浏览视图、幻灯片放映视图、阅读视图

21. PowerPoint 2010 中,幻灯片间的动画效果,通过________工具栏来设置。

A. 放映　　B. 动画　　C. 视图　　D. 切换

22. 打印幻灯片范围 4～9,16,21,表示打印的是________。

A. 幻灯片编号为第 4 到第 9、第 16、第 21

B. 幻灯片编号为第 4 到第 9、第 16、第 21 到最后

C. 幻灯片编号为第 4 到第 9、第 16 到第 21

D. 幻灯片编号为第 4 到第 9、第 16、第 21 到当前幻灯片

23. 在幻灯片放映中,下面表述正确的是________。

A. 幻灯片的放映必须是从头到尾全部放映

B. 循环放映是对某张幻灯片循环放映

C. 幻灯片放映必须要有大屏幕投影仪

D. 在幻灯片放映前可以根据使用者的不同,有多种放映方式选择

24. 为了使得在每张幻灯片上有一张相同的图片,最方便的方法是通过________来实现。

A. 在幻灯片母版中插入图片　　B. 在幻灯片中插入图片

C. 在模板中插入图片　　D. 在版式中插入图片

25. PowerPoint 演示文稿的默认扩展名是________。

A. ptts　　B. ppsx　　C. pptx　　D. ppxt

二、填空题

1. 对建立的表格,默认状态下为细的单线,要设置为双线,通过________命令进行所需的设置。

2. 如果要裁剪图片,可以通过单击“图片工具”格式状态下的________按钮,然后用鼠标拖动图片的四周控制点;如果要将图片恢复为源图片的效果,可以通过单击“图片”工具栏的________按钮。

3. 进入“公式编辑器 Equation 3.0”是通过单击________命令来实现的;在典型方式安

装时，“公式编辑器 Equation 3.0”________安装。

4. 段落缩进排版最快的方法是通过拖动标尺上缩进符来设置。首行缩进应拖动________；悬挂缩进应拖动________；左缩进应拖动________；右缩进应拖动________。

5. 对表格加边框线，可通过________命令，也可通过________工具栏的________按钮来实现。

6. 在 Excel 中，对数据列表进行分类汇总以前，必须先对作为分类依据的字段进行________操作。

7. 函数 AVERAGE(A1：A3)相当于用户输入的________公式。

8. 函数 Count(B2：D3)的返回值是________。(其中第二行的数据均为数值，第三行的数据均为文字。)

9. 要将一个工作簿中的一张工作表移动或复制到另一个工作簿中，首先必须同时打开源和目标工作簿，然后拖曳或者用________命令进行。

10. 要选中不连续的多个区域，按住________键配合鼠标操作。

11. 创建演示文稿可以通过________、________、________三种方式实现。

12. PowerPoint 2010 中，提供了 4 种视图方式显示演示文稿，它们是________、________、________和________。

13. 设置超链接有________、________两种方式，主要区别是________。

14. 要停止正在放映的幻灯片，只要按________键即可。

15. 要使幻灯片根据预先设置好的“排练计时”时间不断重复放映，这需要在________对话框中进行设置。

三、简答题

1. 简述剪贴板的作用。
2. 简述文本框的使用方法。
3. 怎样设置段落的格式？
4. 如何生成长文档中的目录？
5. 简述“节”的概念。
6. Excel 中输入公式有哪些方法？如何使用 IF 函数？
7. 简述 Excel 中图表生成的过程。
8. 分类汇总有哪些用途？数据透视表有什么作用？
9. 在 PowerPoint 中如何制作动画？
10. 幻灯片版式和幻灯片设计有什么区别？

第3章 网页设计

实验1 网站的创建和管理

一、实验目的

（1）学会创建网站；
（2）理解网站与网页的概念，了解网站结构；
（3）掌握网站中网页的基本编辑方法。

二、实验内容和步骤

1. 创建一个新站点

在 Dreamweaver 中使用“站点定义向导”创建一个本地新站点。

（1）选择“站点”|“新建站点”命令，打开站点定义对话框的“基本”选项卡，在“您打算为您的站点起什么名字”文本框中输入新建站点的名称，如图 3-1 所示。

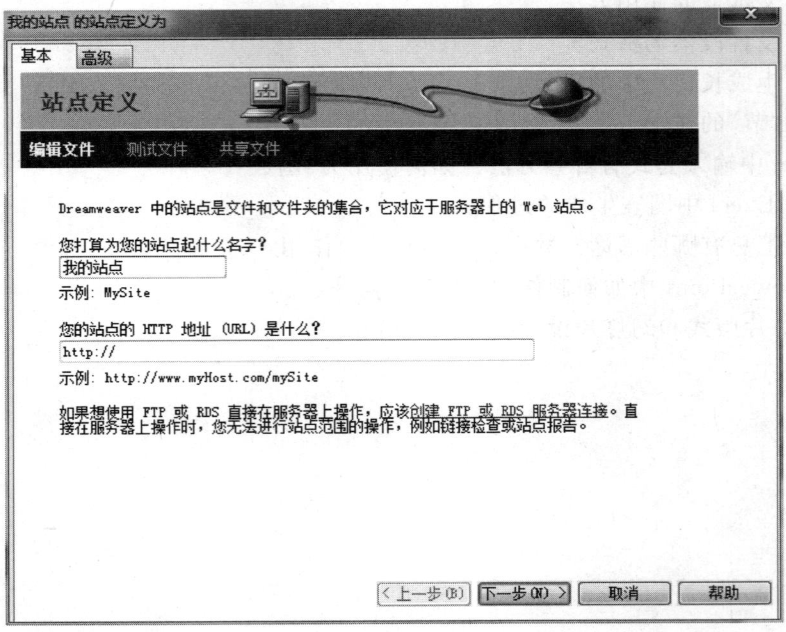

图 3-1 站点定义

(2) 单击“下一步”按钮，在“编辑文件，第 2 部分”选项区中，显示是否选择使用的服务器技术，这里选择“否，我不想使用服务器技术”单选按钮。

(3) 单击“下一步”按钮，在“编辑文件，第 3 部分”选项区的“您将把文件存储在计算机的什么位置?”文本框中输入站点文件存放的位置或者单击右边的文件夹图标在本地计算机选择一个文件夹(例：E:\MySite\)，没有输入或选择将使用系统默认值。

(4) 单击“下一步”按钮，将站点定义对话框的“共享文件”选项卡中的“您如何连接到远程服务器”下拉列表框中选择“无”选项。

(5) 单击“下一步”按钮，将站点定义对话框的“总结”选项区中，将显示以上设置步骤的详细信息。

(6) 单击“完成”按钮，一个本地新站点已经创建完成。此时选择“窗口”|“文件”命令，在打开的“文件”面板中将显示创建的新站点，如图 3-2 所示。

(7) 要设置本地文件夹，可以选择“站点”|“管理站点”命令，将打开“管理站点”对话框，如图 3-3 所示。在左侧的列表中选择“我的站点”或对应的站点，在右侧单击“编辑”按钮，将显示“本地信息”的所有参数设置选项，如图 3-4 所示。如果显示的是如图 3-1 所示的站点定义对话框，单击上面的“高级”标签即可切换到如图 3-4 所示。

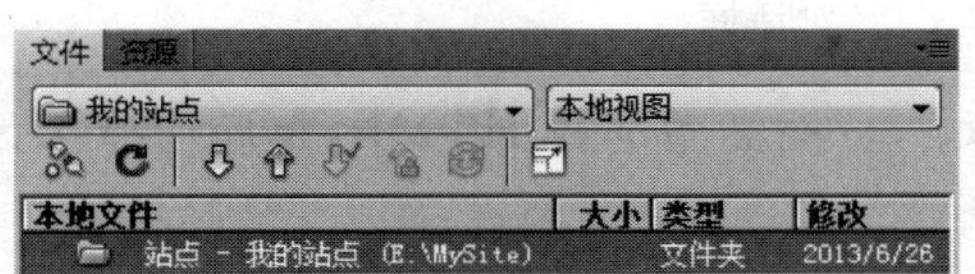

图 3-2 “文件”面板

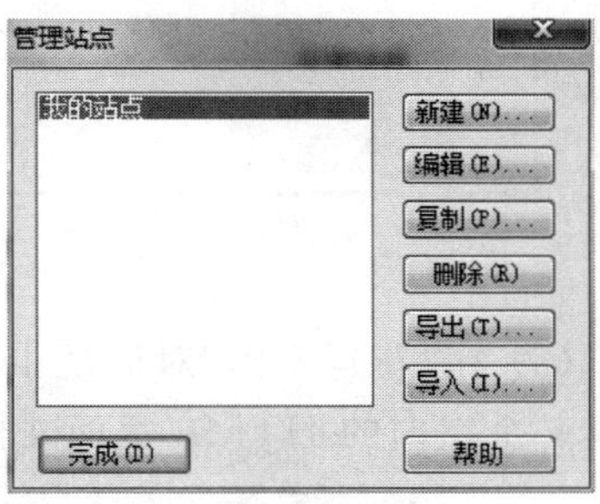

图 3-3 “管理站点”对话框

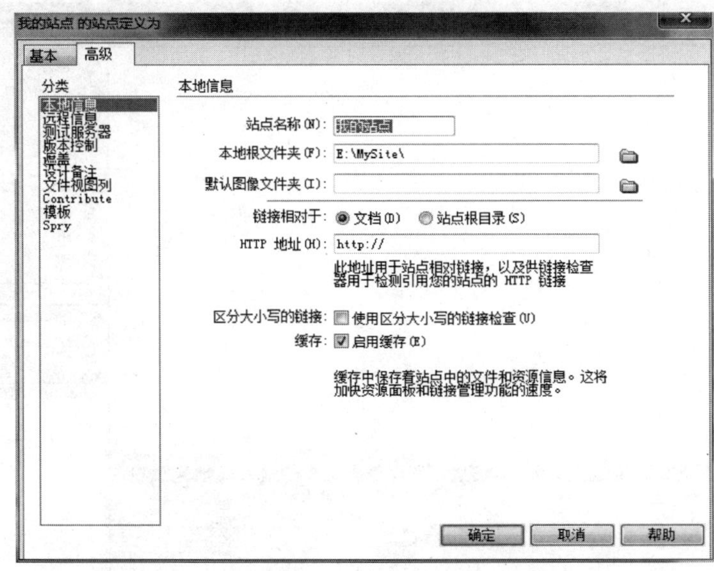

图 3-4 本地信息

2. 在站点中创建一个新的网页

(1) 在文档窗口中,选择"文件"|"新建"命令,在打开的"新建文档"对话框中选择要创建的文档类型,如图3-5所示。

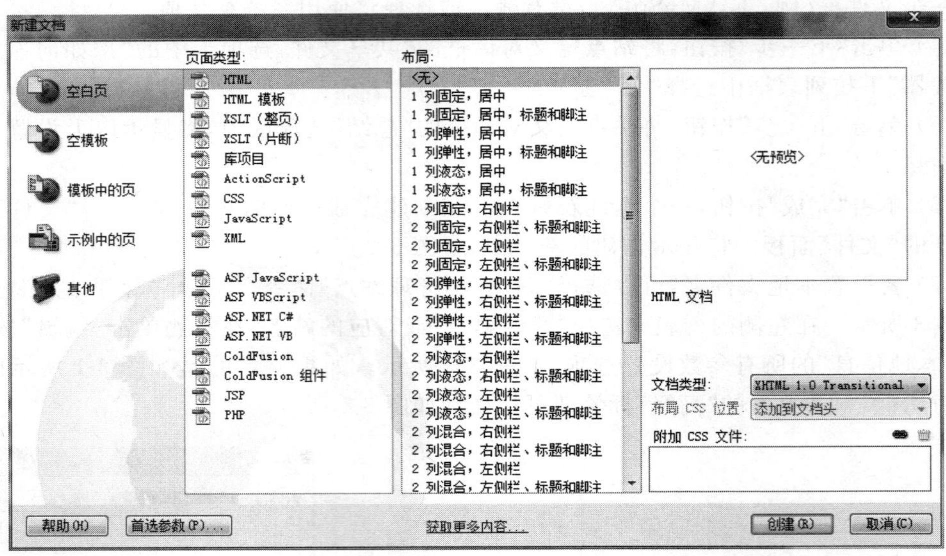

图3-5 "新建文档"对话框

(2) 在"新建文档"对话框中,选择"空白页",页面类型选择HTML,布局选择"<无>",创建一个空白的HTML页面文档,如图3-6所示。

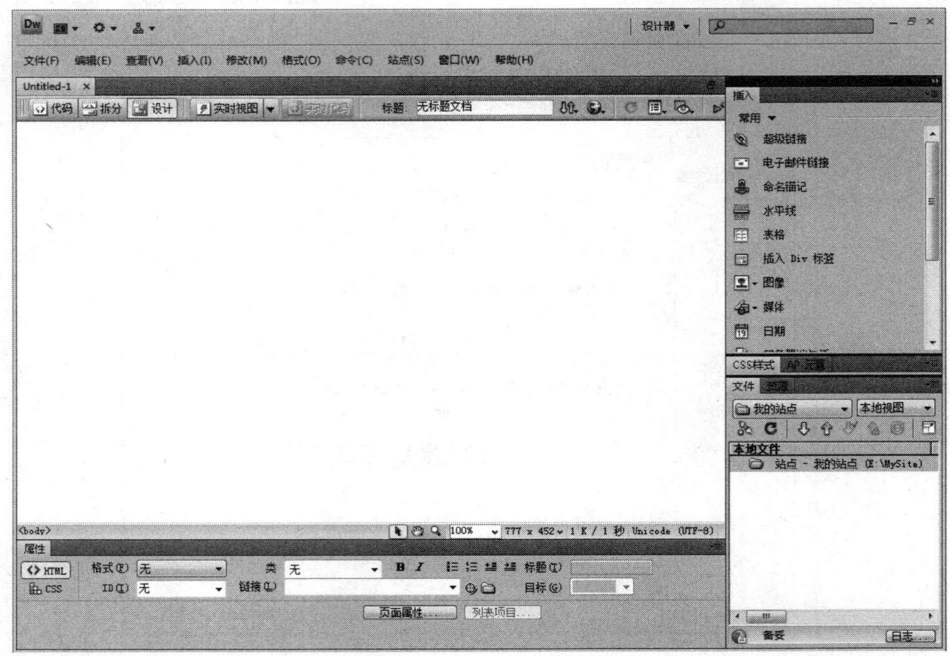

图3-6 空白的HTML页面文档

(3) 对新的网页文档进行设置。

① 在新文档中,在文档工具栏的标题设置中设置网页标题为"欢迎来到我的站点",如图 3-7 所示。

图 3-7　文档工具栏

② 选择"修改"|"页面属性"命令,在"页面属性"对话框的"分类"中选择"外观(CSS)",设置背景颜色(图中为#CCCCFF),上下左右边距均设为 0,如图 3-8 所示。

图 3-8　"页面属性"对话框

③ 插入文字"欢迎访问我的站点!",格式为标题 1,宋体,蓝色,居中。

具体操作为在页面的光标处输入文字,然后选中要格式化的文字,选择属性检查器 HTML 标签,"格式"下拉列表框选择"标题 1",如图 3-9 所示。

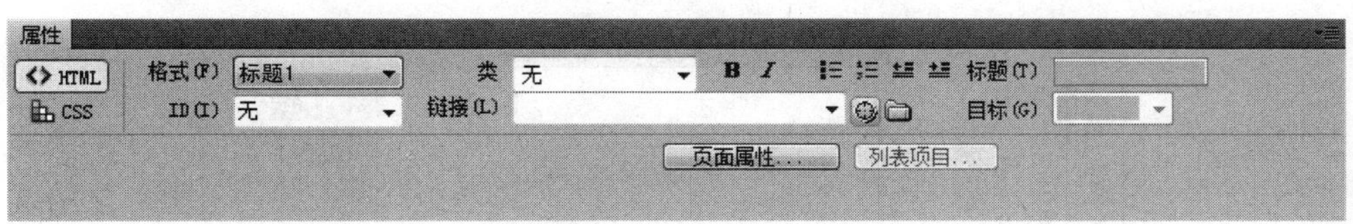

图 3-9　属性检查器的 HTML 标签

然后选择属性检查器 CSS 标签,如图 3-10 所示,在"字体"下拉列表框里面选择"宋体"(如果没有"宋体"选项,则如图 3-11 所示在"字体"下拉列表框选项里选择"编辑字体列表",弹出"编辑字体列表"对话框,如图 3-12 所示。在对话框的右下方"可用字体"列表项里面选择"宋体",然后单击"<<"按钮,添加到左下方"选择的字体"列表框里面,单击"确定"按钮回到属性检查器,则"字体"下拉列表框里面会出现"宋体"选项)。此时会弹出如图 3-13 所示的"新建 CSS 规则"对话框。在"选择器名称"框里输入一个新的名称 t1,则 Dreamweaver 会创建一个新的样式.t1,单击"确定"按钮回到编辑窗口。在属性检查器中单击"文本颜色"按钮,选择蓝色,单击"居中对齐"按钮,使得按钮处于按下状态,如图 3-14 所示。

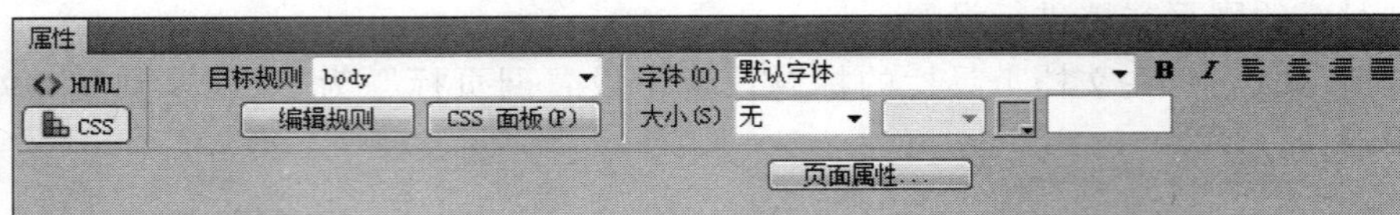

图 3-10 属性检查器的 CSS 标签

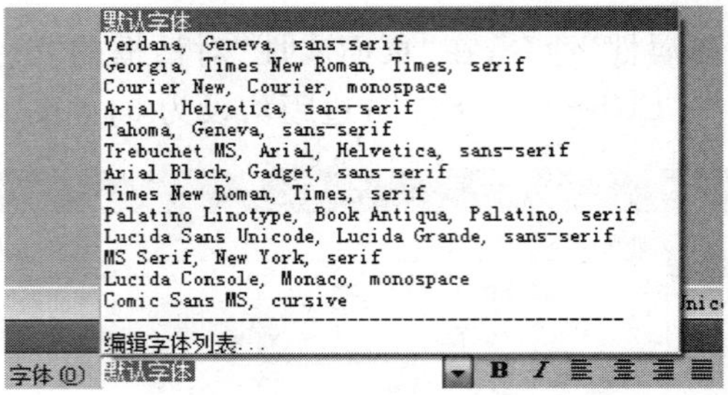

图 3-11 字体下拉列表框选项

图 3-12 "编辑字体列表"对话框

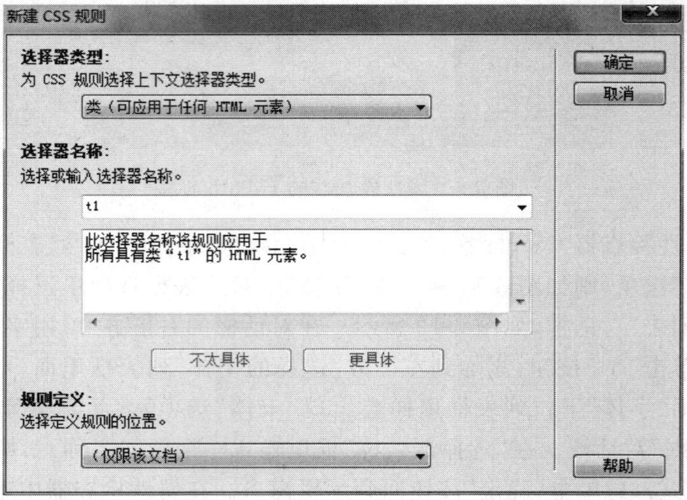

图 3-13 "新建 CSS 规则"对话框

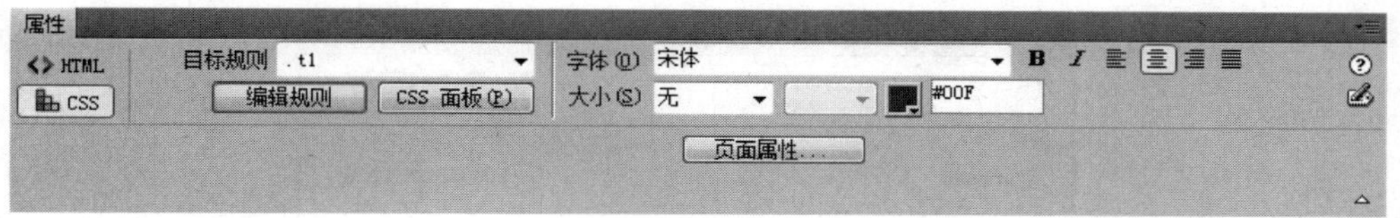

图 3-14　设置字体和颜色的属性检查器

④ 将光标移动到标题文字最后,按回车键换行,插入文字“今天是”,然后选择“插入”面板中的“常用”选项卡,如图 3-15 所示,插入“日期”,日期格式如图 3-16 所示,然后选中整个第二行文字,设置第二行文字格式为隶书,14 号,居中,样式名称为.t2。

图 3-15　插入面板的“常用”选项卡

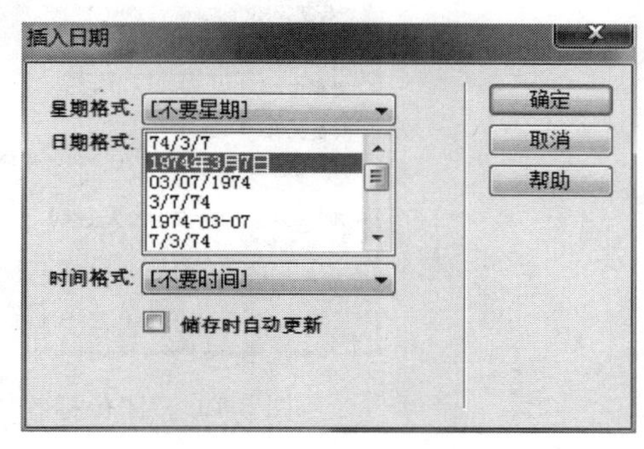

图 3-16　日期格式选择

⑤ 在第二行文字最后按回车键另起一行。选择“插入”面板中的“常用”选项卡,插入“图像”,打开“选择图像源文件”对话框,选择合适的图像文件并单击“确定”按钮。如果从当前站点根文件夹以外选择图像源文件,则会出现如图 3-17 所示复制文件提示对话框,一般情况下应单击“是”按钮将该文件复制到站点中来。如图 3-18 所示,选择站点根文件夹下面的 images 子文件夹,单击“确定”按钮,将弹出如图 3-19 所示的“图像标签辅助功能属性”对话框,再单击“确定”按钮图像文件将被复制到当前站点中。

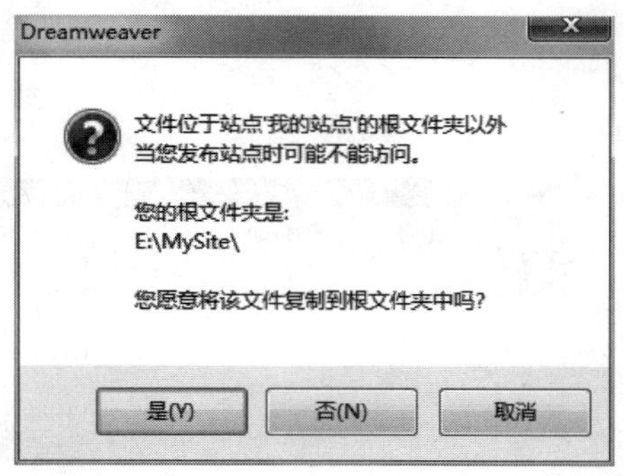

图 3-17　复制文件提示对话框

选中文档窗口中刚才插入的图像,然后在属性检查器中设置宽度和高度均为原来的一半,如图 3-20 所示。

⑥ 选择“插入”面板中的“常用”选项卡,单击“水平线”图标,在图示位置插入一条水平线,格式为宽度 80%,居中对齐。水平线的属性设置如图 3-21 所示。

⑦ 按回车键换行,插入水平线后面的文字“Copyright © 2013 我的工作室”,并将文字设置为居中。“©”和空格符号的插入,选择“插入”面板中的“文本”选项卡(如图 3-22 所示),在最后一项“字符”里面选取,其中空格要选取“不换行空格”。样式名称为.t3。

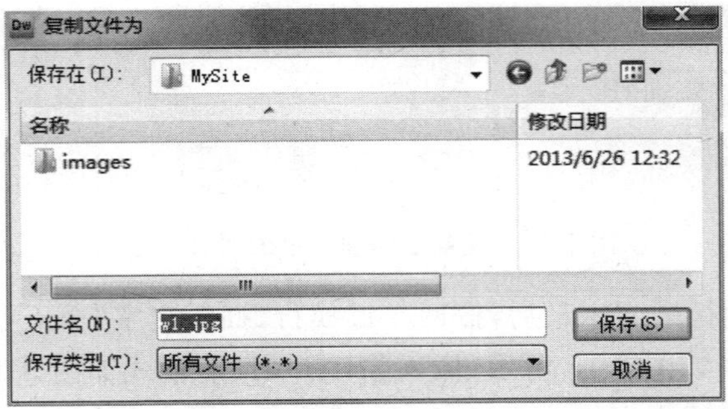

图 3-18 “复制文件为”对话框

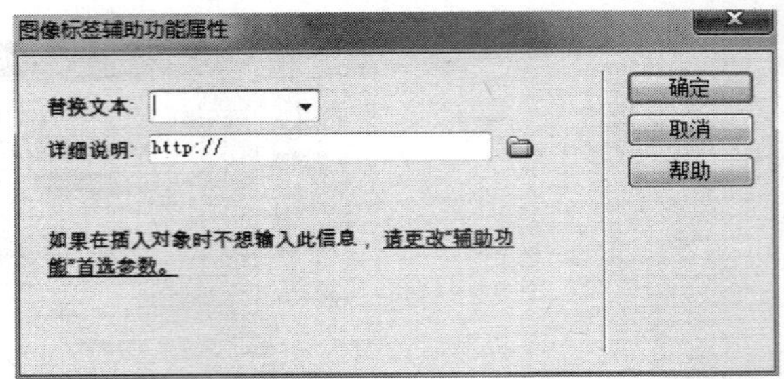

图 3-19 “图像标签辅助功能属性”对话框

图 3-20 图像属性设置

图 3-21 水平线的属性设置

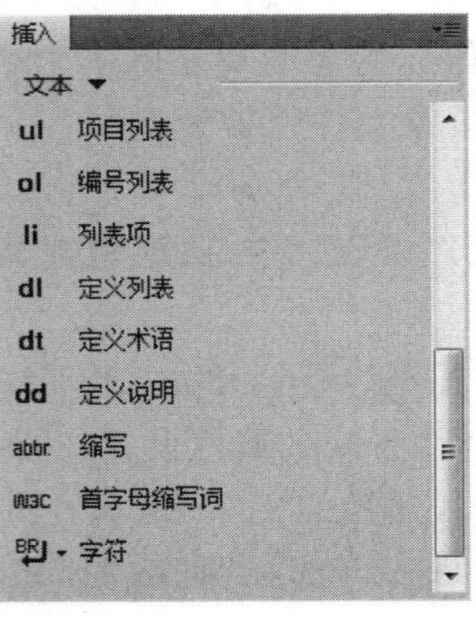

图 3-22 “插入”面板中的“文本”选项卡

⑧ 将页面文档保存为 welcome. html，然后按 F12 键在浏览器里面预览。页面的浏览效果如图 3-23 所示。

图 3-23 welcome. html 页面浏览效果

实验 2 页面布局和编辑

一、实验目的

(1) 掌握网页版面的设计(表格的应用)；

(2) 掌握超级链接的设置方法；

(3) 掌握网站中网页的基本编辑方法。

二、实验内容和步骤

1. 打开站点

打开并使用前面实验中已经创建好的站点，如果没有站点则按照本章实验 1 的步骤重新创建站点。

2. 创建新网页

在已经创建的站点中创建一个新的 HTML 网页,以文件名 index.html 保存到当前站点中。

3. 设置页面属性和布局

对 index.html 文档,进行如下页面属性和布局设置。

(1) 在文档工具栏的标题设置中设置网页标题为“我的站点-首页”。

(2) 选择“修改”|“页面属性”命令,在“页面属性”对话框的分类中选择“外观(CSS)”,设置背景颜色(本例中为#CCCCFF),上下左右边距均设为0。

(3) 选择“插入”面板中的“常用”选项卡(如图3-24所示),使用表格进行页面布局。注意使用表格布局时一般使用的是边框粗细为0的表格。

(4) 在页面上插入4个表格,边框粗细均为0,宽度均为750,行列依次为1行1列、4行7列、2行6列、1行1列,如图3-25所示。也可以先插入1行1列的表格,然后再使用如图3-26所示“插入”面板的“布局”选项卡里的表格工具进行行列修改。

对每一个表格,使用属性检查器的“对齐”下拉列表框,将表格的对齐方式均设置为居中对齐。插入完成表格后的效果如图3-27所示。

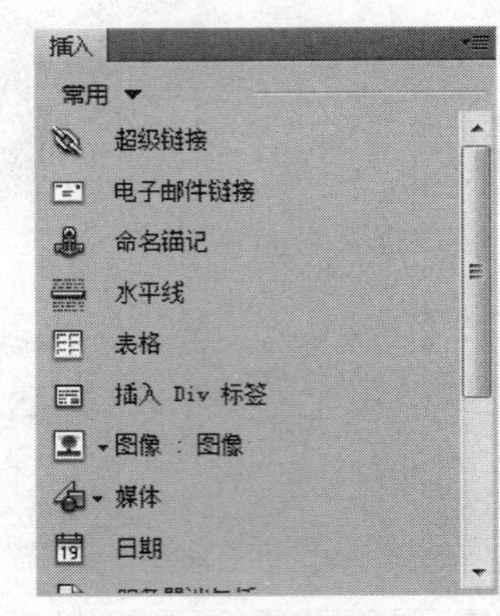

图3-24 “插入”面板中的“常用”选项卡

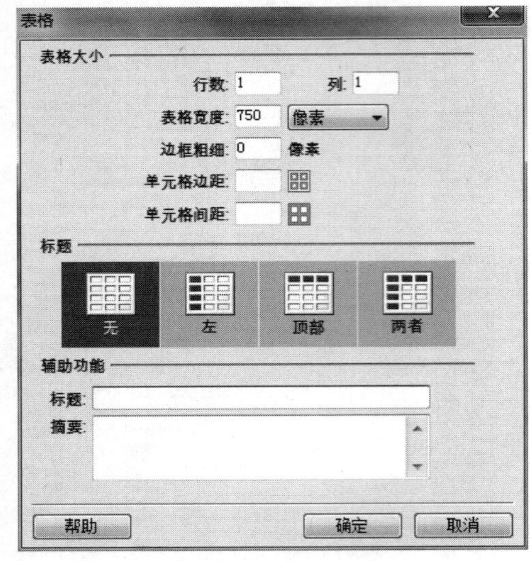

图3-25 “表格”对话框

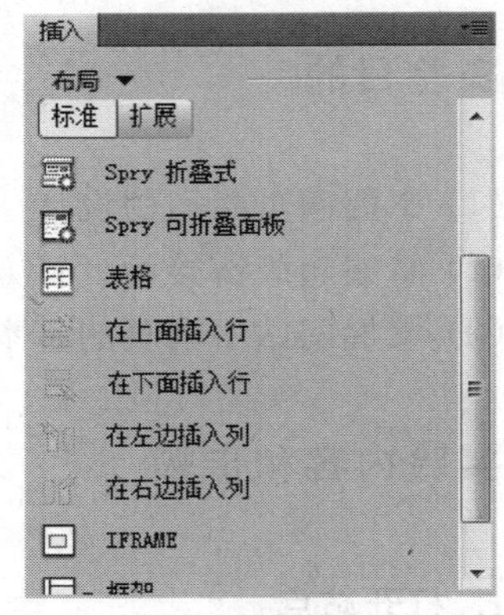

图3-26 “插入”面板中的“布局”选项卡

(5) 在相应的单元格中插入文字、图片和水平线等,适当格式化,并调整单元格内容的位置。效果如图3-28所示。

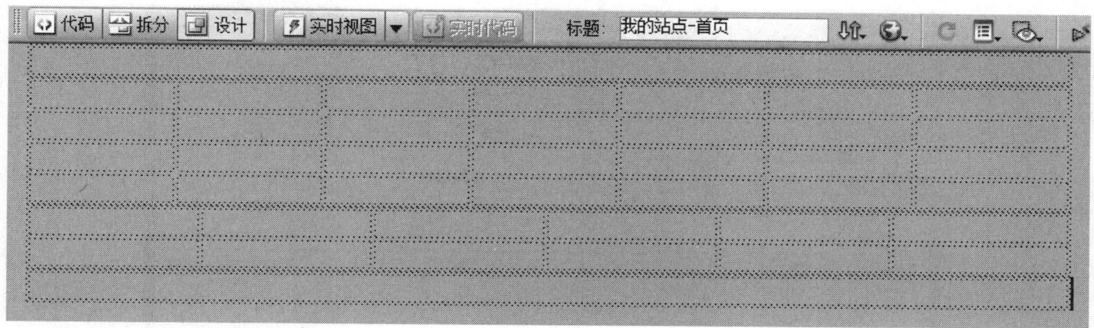

图 3-27 插入表格

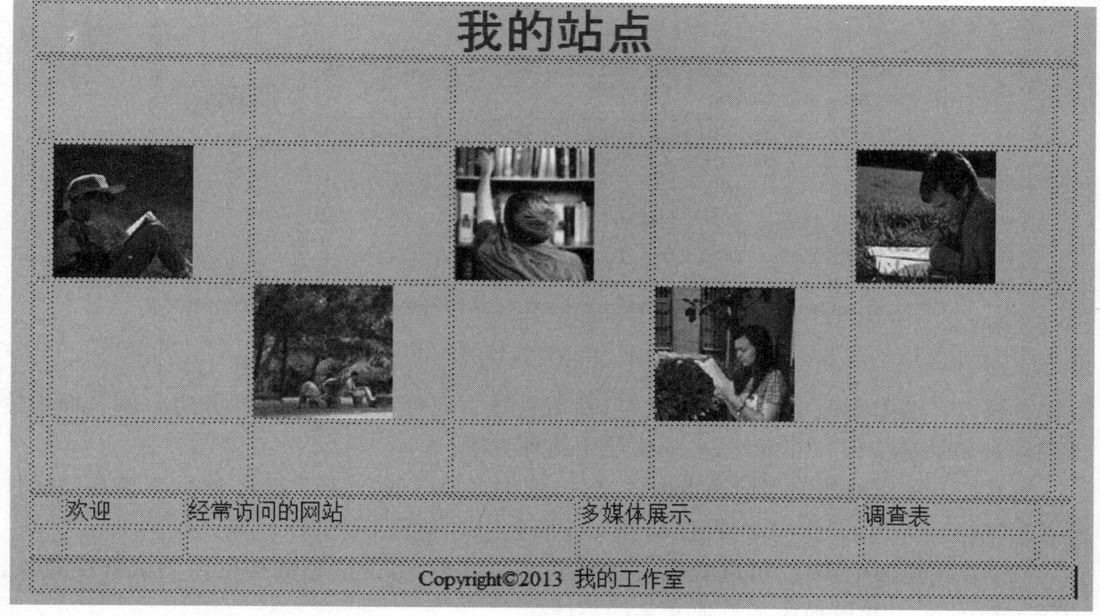

图 3-28 页面布局

4. 在页面中添加超级链接

对 index.html 文档,添加超级链接设置。

(1) 添加超链接有多种设置方法,任选其一即可。

方法一:选中页面中的"欢迎"文字,然后单击属性检查器 HTML 标签的"链接"旁边的文件夹图标(如图 3-29 所示),打开"选择文件"对话框(如图 3-30 所示),选择要链接到的文件 welcome.html。

图 3-29 属性检查器

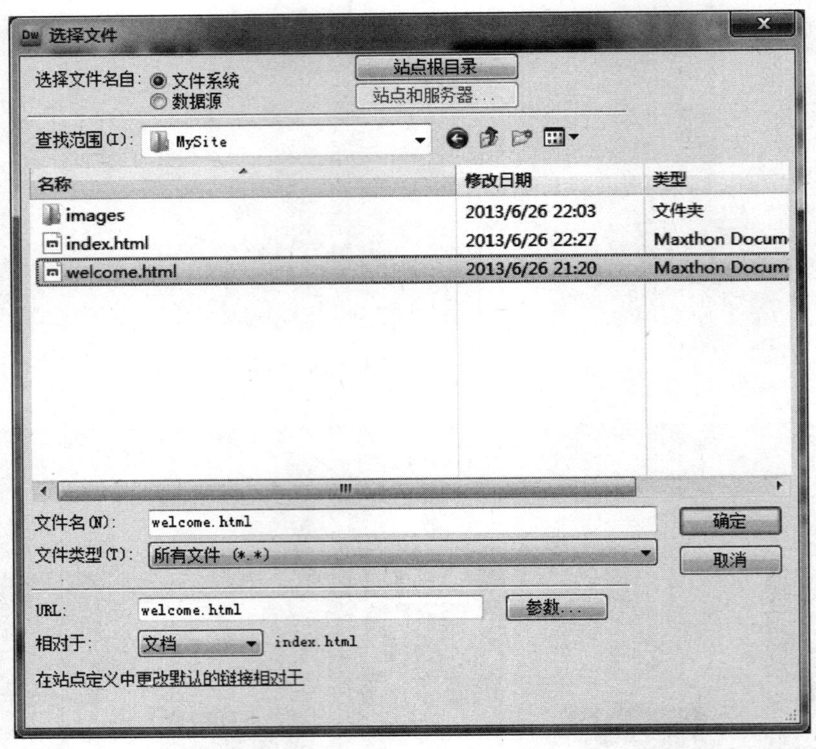

图3-30 “选择文件”对话框

方法二：选中页面中的“欢迎”文字，然后直接在属性检查器“链接”旁边的输入框中输入网址。如果链接到外部网站，必须要使用此种方法。

方法三：链接到的是当前站点内的文件，选中页面中的“欢迎”文字，然后直接拖动属性检查器“链接”旁边的“指向文件”图标到文件面板中对应的文件。

(2) 在浏览器中预览，可以看见超链接文字的效果，单击该超链接可以测试链接效果，如图3-31所示。相应地添加其他文字的超链接。

(3) 选中页面中的“我的工作室”文字，选择“插入”面板中的“常用”选项卡上面的“电子邮件链接”图标，在电子邮件链接的E-mail输入框中填入相应的电子邮件地址，如图3-32所示。

图3-31 未访问和已访问超级链接效果

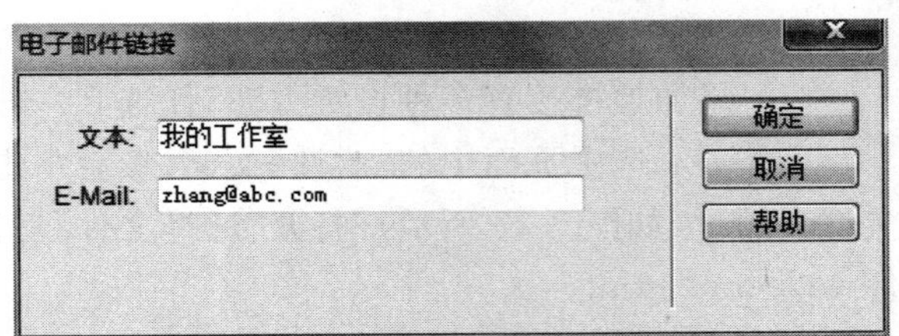

图3-32 “电子邮件链接”对话框

(4) 保存页面，然后按F12键在浏览器里面预览。页面的浏览效果如图3-33所示。

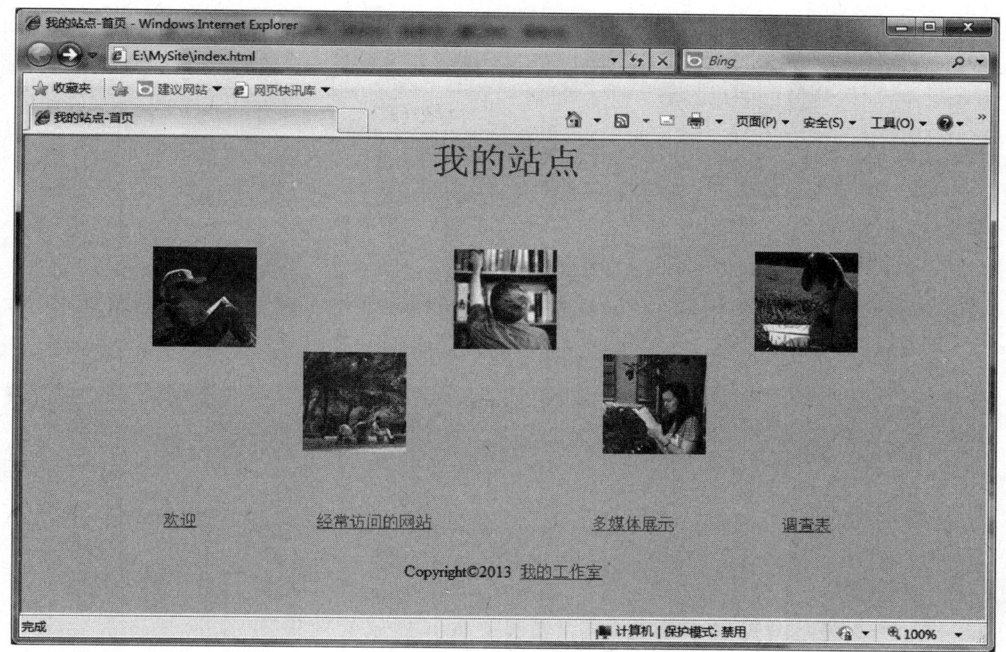

图 3-33 index.html 页面浏览效果

实验3 网页的多媒体与表单

一、实验目的

(1) 掌握网页中添加多媒体效果的方法;

(2) 掌握网页中表单的制作方法。

二、实验内容和步骤

1. 建立站点

打开并使用前面实验中已经创建好的站点,如果没有站点,则按照前面实验的步骤重新创建站点。

2. 在页面中添加多媒体效果

在已经创建的站点中创建一个新的 HTML 网页,以文件名 media.html 保存到当前站点中。对 media.html 文档进行如下页面属性和布局设置。

1) 添加 Flash 动画

(1) 选择"插入"面板中的"常用"选项卡,选择"媒体:SWF"图标,在"选择文件"对话框中选择要添加的 swf 格式的 Flash 文件。添加完成之后,如图 3-34 所示。

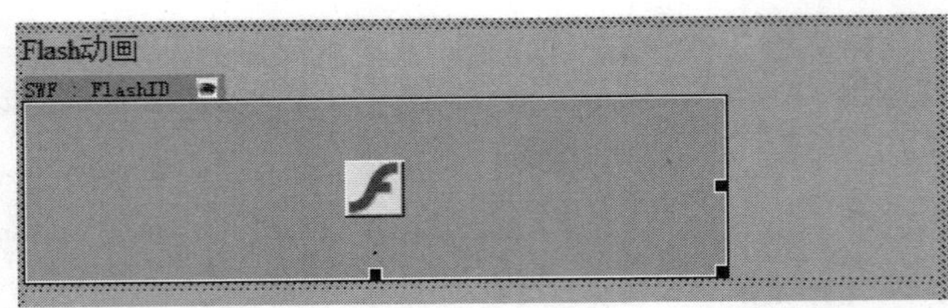

图 3-34　添加 Flash

(2) 如有必要,选中该 Flash,在属性检查器上做相应显示区域调整及其他设置,如图 3-35 所示。

图 3-35　Flash 参数设置

(3) 按 F12 键在浏览器中预览,可以看见 Flash 播放的效果。

注:如果浏览器有限制运行的提示,请选择允许阻止的内容。

2) 添加视频

(1) 选择"插入"面板中的"常用"选项卡,选择"媒体:插件"图标,在"选择文件"对话框中选择要添加的视频文件。添加完成之后,如图 3-36 所示。

图 3-36　添加视频

(2) 如有必要,选中该视频,在属性检查器上做相应显示区域调整及其他设置,如图 3-37 所示。

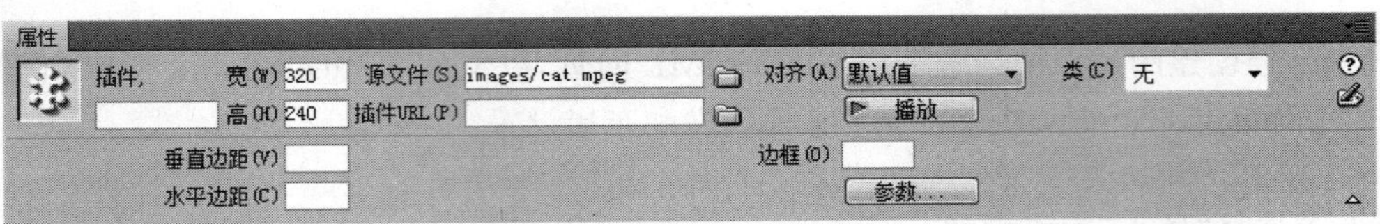

图 3-37　视频参数设置

(3) 按 F12 键在浏览器中预览,可以观赏到视频播放的效果。

3) 添加音频

(1) 选择“插入”面板中的“常用”选项卡,选择“媒体:插件”图标,在“选择文件”对话框中选择要添加的音频文件。添加完成之后,如图 3-38 所示。

(2) 如有必要,选中该音频,在属性检查器上做相应显示区域调整及其他设置,如图 3-39 所示。

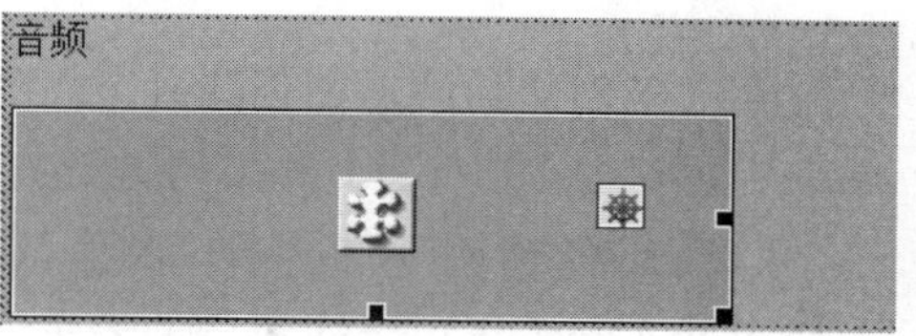

图 3-38 添加音频

图 3-39 音频参数设置

(3) 按 F12 键在浏览器中预览,可以听到音频播放的效果。

media.html 文件的参考浏览效果如图 3-40 所示。

图 3-40 media.html 页面浏览效果

3. 在页面中添加表单

在已经创建的站点中创建一个新的 HTML 网页,以文件名 question.html 保存到当前站点中。对 question.html 文档进行如下页面属性和布局设置。

(1) 选择"插入"面板中的"表单"选项卡(如图 3-41 所示),单击"表单"图标,在布局单元格中插入一个红色虚线包围的表单区域。

(2) 将光标定位到表单区域内,利用表格工具插入一个 7 行 2 列,边框为 0 的表格帮助布局,如图 3-42 所示。

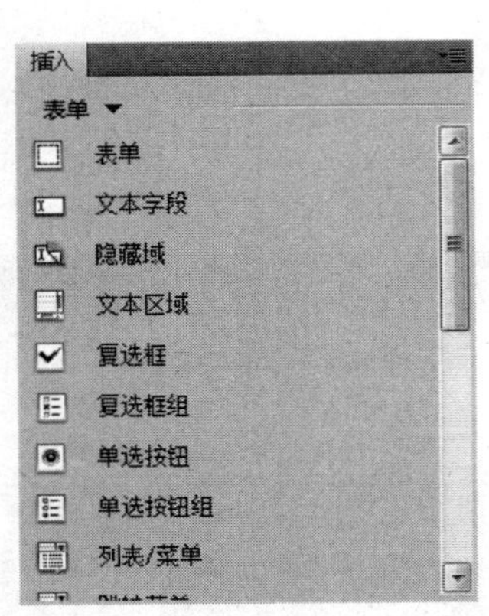

图 3-41 "插入"面板中的"表单"选项卡

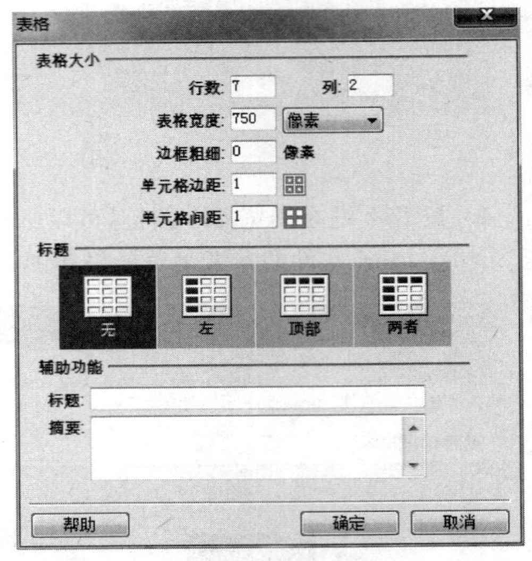

图 3-42 表单内的定位表格

(3) 表单内容添加。

① 在定位表格的第一行第一列输入文本"姓名",第一行第二列插入一个文本字段。

② 第二行第一列输入文本"性别",第二行第二列插入两个单选按钮,标签文字分别为"男"和"女"。

③ 第三行第一列输入文本"年龄",第三行第二列插入一个菜单,列表值的项目标签依次为"10 周岁以下""11～20 周岁""21～30 周岁""31～40 周岁""41～50 周岁""50 周岁以上",并设定初始化时选择"21～30 周岁"。

④ 第四行第一列输入文本"兴趣爱好",第四行第二列插入三个复选框,标签分别为"运动""旅游""书法",第五行第二列插入三个复选框,标签分别为"棋牌""游戏""电影"。

⑤ 第六行第一列输入文本"意见建议",第六行第二列插入一个文本区域,设置行数为 5。

⑥ 第七行第二列插入两个按钮,一个按钮设置动作为"提交表单",另一个按钮设置动作为"重设表单"。

整体设计界面如图 3-43 所示。

question.html 文件的参考浏览效果如图 3-44 所示。

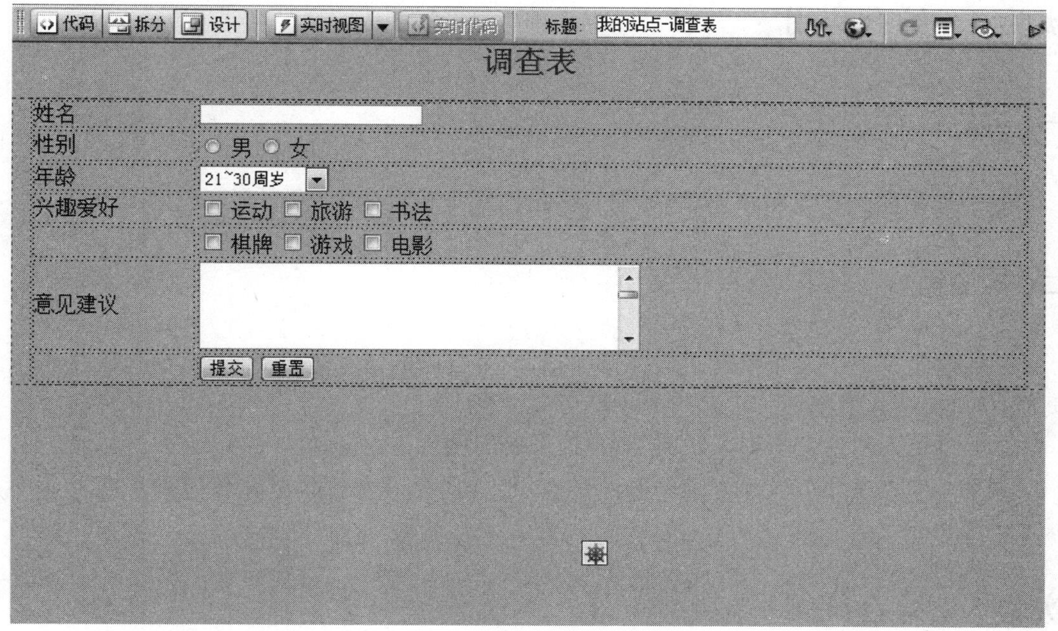

图 3-43　表单的设计界面

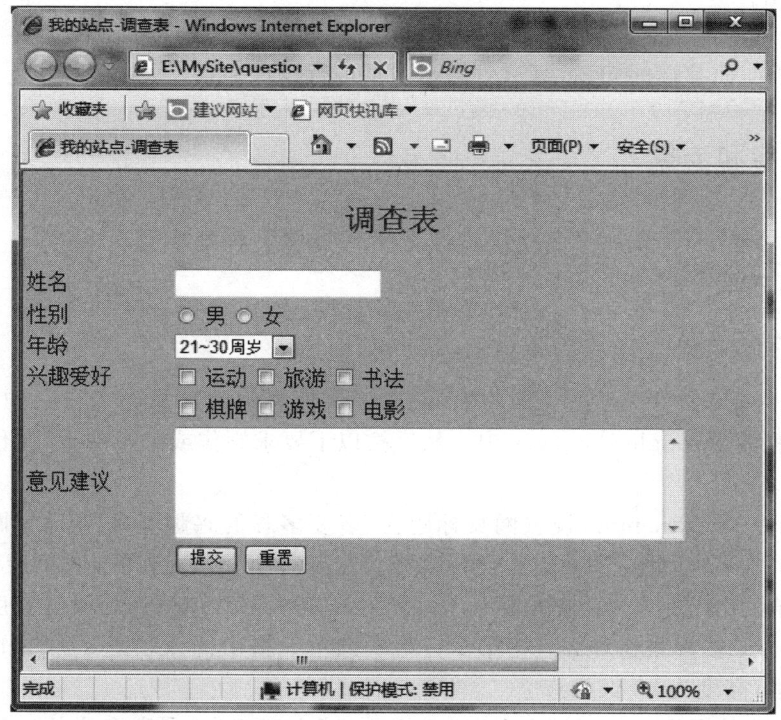

图 3-44　question. html 页面浏览效果

实验4 综合应用

一、实验目的

综合应用前面掌握的知识,熟练地对网站网页进行设计,并发布到互联网上。

二、实验内容

(1) 创建一个个人介绍网站,以网页的形式对自己的情况进行介绍,至少包含4个以上页面,例如:个人情况、兴趣爱好、成长经历等。

(2) 将个人网站发布到互联网上,并提供访问网址。

说明:可以通过上网搜索免费网站空间,根据免费网站的说明上传网站页面并获取互联网访问地址。

实验5 综合练习

一、实验目的

综合应用前面掌握的知识,练习对网站网页进行设计。

二、实验内容和步骤

说明:"素材"文件夹可以向任课老师索取或通过下列地址下载:http://jsjxy.shiep.edu.cn/base/download/sucai2017.zip

1. 综合练习一

将"素材|web"文件夹下"dw素材\zonghe1"文件夹中的素材导入自己的站点中(图片素材和动画素材在zonghe1\images中),然后按以下要求制作或编辑网页,制作好的效果如图3-45所示。

(1) 打开主页index.html,设置网页标题为"多姿多彩的兴趣爱好";设置网页背景图像bg.gif;设置外部表格属性:对齐方式居中、边框线宽度、单元格填充和单元格间距都设置为0。

(2) 按样张在内部嵌套表格的第一个单元格中插入图片t01.jpg,设置宽度为80像素,高度为80像素;按样张在外部表格第2行第1列单元格中插入动画s01.swf,设置动画宽度为151像素,高度为50像素。

(3) 按样张将网页上部区域原文字"兴趣爱好"文字改为"多姿多彩的兴趣爱好",字体为隶书、大小为36px,颜色为(#808000)(CSS规则名称设置为.css01),设置该单元格内容水平居中对齐;按样张设置项目列表。

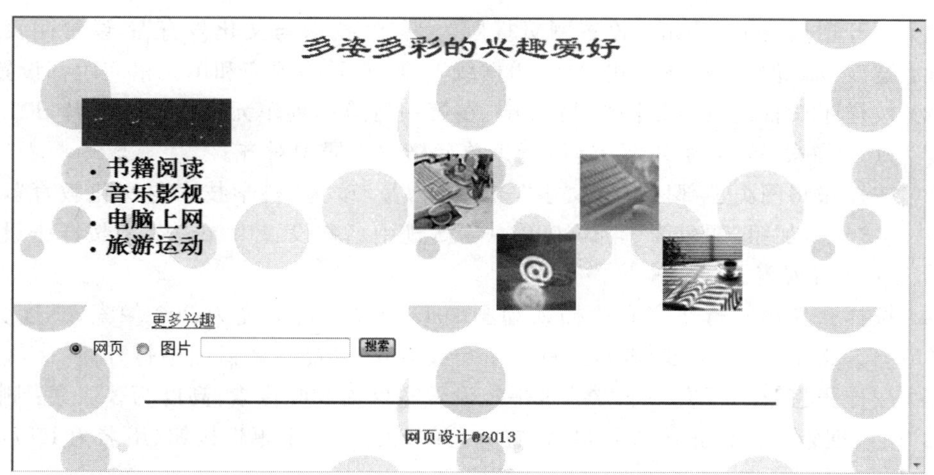

图 3-45 综合练习一样张

(4) 将文字“更多兴趣”链接到网页 more.html，并能在新窗口中打开。按样张在网页下方添加水平线，并设置水平线的宽度为 80%，高度 3 像素，颜色为(#808000)，居中对齐。

(5) 按样张修改表单，删除网页下方的“站内搜索”，设置“网页”“图片”两个单选按钮(组名为 R1)，默认选中“网页”；在右边添加文本域、添加“搜索”按钮。

(**注意**：样张仅供参考，相关设置按题目要求完成即可。由于显示器分辨率或窗口大小的不同，网页中文字的位置可能与样张略有差异，图文混排效果与样张大致相同即可；由于显示器颜色差异，制作出结果与样张图片中存在色差也是正常的。)

2. 综合练习二

将“素材|web”文件夹下“dw 素材\zonghe2”文件夹中的素材导入自己的站点中(图片素材和动画素材在 zonghe2\images 中)，然后按以下要求制作或编辑网页，制作好的效果如图 3-46 所示。

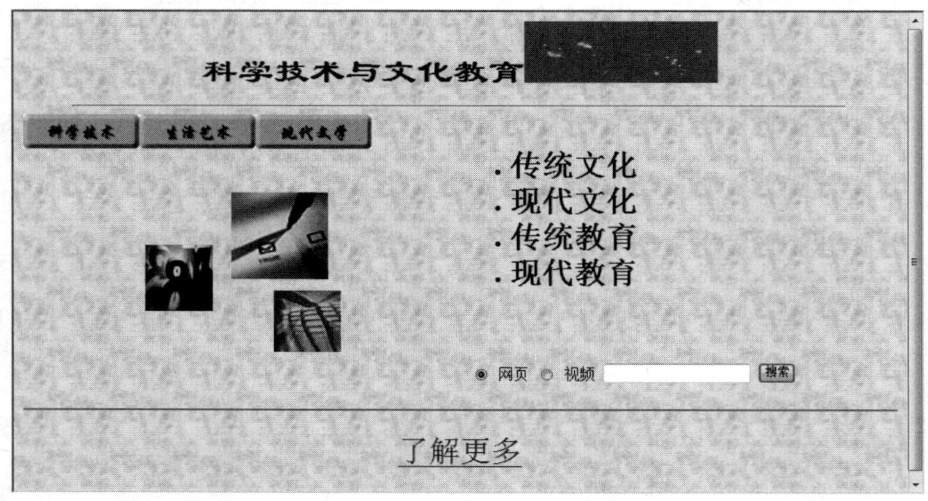

图 3-46 综合练习二样张

(1) 打开主页 index.html,设置网页标题为"科学技术与文化教育";设置网页下方表格属性:宽度800像素,对齐方式居中、边框线宽度、单元格填充和单元格间距都设置为0。

(2) 按样张设置网页背景图像 bg.gif;在第一行第一列单元格中插入图片 d01.jpg,设置宽度为100像素,高度为92像素,设置该单元格内容居中对齐。

(3) 按样张将网页上部区域原文字"知识的力量"改为"科学技术与文化教育",字体隶书、大小为36px,加粗,颜色为(#800000)(CSS规则名称设置为.css02);按样张设置网页右部的文字项目列表。

(4) 按样张在第一行文字右边插入动画 s01.swf,设置宽度为200像素,高度为66像素;将最下方文字"了解更多"链接到网页 more.html,并能在新窗口中打开。

(5) 按样张将第一行文字下方的水平线设置宽度为800像素,高度为3像素;删除网页下方的"站内搜索",按样张修改表单,设置"网页""视频"两个单选按钮(组名为R1),默认选中"网页";在右边添加文本域、添加"搜索"按钮。

习题

一、选择题(请选择一个或多个正确答案)

1. 在 Dreamweaver 中,下面的工作区布局不可以选择的是________。

A. 编码器　　B. 设计器　　C. 双重屏幕　　D. FrontPage 风格

2. 在 Dreamweaver 中,下面关于"查找和替换"说法错误的是________。

A. 可以精确地查找标签中的内容

B. 可以在一个文件夹下替换文本

C. 可以保存和调入替换条件

D. 不可以在 HTML 源代码中进行查找与替换

3. 在 Dreamweaver 中,在设置各分框架属性时,"滚动"参数是用来设置________属性的。

A. 是否进行颜色设置　　B. 是否出现滚动条

C. 是否设置边框宽度　　D. 是否使用默认边框宽度

4. 在 Dreamweaver 中,中文输入时需要输入空格应该________。

A. 在编辑窗口直接输入一个半角空格　　B. 在编辑窗口按住 Shift 键输入空格

C. 在编辑窗口输入一个全角空格　　D. 在编辑窗口输入两次空格

5. 在 Dreamweaver 中,下面可以用来作代码编辑器的是________。

A. 记事本程序(Notepad)　　B. Photoshop

C. Flash　　D. 以上都不可以

6. 在 Dreamweaver 中,我们可以为链接设立目标,表示在新窗口打开网页的是________。

A. _blank　　B. _parent　　C. _self　　D. _top

7. 在 Dreamweaver 中,下面关于建立新层的说法正确的是________。

A. 不能使用样式表建立新层

B. 当样式表建立新层时,层的位置和形状不可以和其他样式因素组合在一起

C. 通过样式表建立新层，层的样式可以保存到一个独立的文件中，可以供其他页面调用

D. 以上说法都错

8. 在 Dreamweaver 中，下面关于资源管理面板的说法错误的是________。

A. 有两种显示方式

B. 网站列表方式，可以把网站的所有资源显示

C. 收藏夹方式，只显示自定义的收藏夹中的资源

D. 模板和库不在资源管理器中显示

9. 在 Dreamweaver 中，有 8 种不同的垂直对齐图像的方式，要使图像的底部与文本的基线对齐应使用________对齐方式。

A. 基线　　B. 绝对底部　　C. 底部　　D. 浏览器默认

10. 在创建模板时，下面关于可编辑区的说法正确的是________。

A. 只有定义了可编辑区才能把它应用到网页上

B. 在编辑模板时，可编辑区是可以编辑的，锁定区是不可以编辑的

C. 一般把共同特征的标题和标签设置为可编辑区

D. 以上说法都错

11. 在创建模板时，下面关于可选区的说法正确的是________。

A. 在创建网页时定义的

B. 可选区的内容不可以是图片

C. 使用模板创建网页，对于可选区的内容，可以选择显示或不显示

D. 以上说法都错误

12. 在设置图像超链接时，可以在“替代”文本框中填入注释的文字，下面不是其作用的是________。

A. 当浏览器不支持图像时，使用文字替换图像

B. 当鼠标移到图像并停留一段时间后，这些注释文字将显示出来

C. 在浏览者关闭图像显示功能时，使用文字替换图像

D. 每过段时间图像上都会定时显示注释的文字

13. HTML 中，设置链接颜色的代码是________。

A. <body bgcolor=?>　　B. <body text=?>

C. <body link=?>　　D. <body vlink=?>

14. 下列选项中，关于层的说法正确的是________。

A. 不能改变层的位置　　B. 不能改变层的大小

C. 层不能嵌套　　D. 可以设置层的背景

15. 下列操作能够最小化面板组的是________。

A. 右击选项卡　　B. 单击标题栏　　C. 右击标题栏　　D. 双击标题栏

16. 历史记录面板不能够记录的操作是________。

A. 添加 Meta 信息　　B. 清除文本标签

C. 清除历史记录　　D. 修改文档标题

17. 如果许多页面使用同样的布局,则可以使用________。
A. 库项目　B. 模板　C. 层　D. 框架

18. Dreamweaver 保存文件可以使用下列的________作为文件名的组成部分。
A. my_　B. my / file　C. you \ me　D. *_"

19. Dreamweaver 中的颜色拾取器可选显示的颜色种类有________种。
A. 254　B. 192　C. 180　D. 214

20. 下列元素中________属于不可见元素。
A. script　B. table　C. img　D. hr

21. 下列元素中属于头部元素的是________。
A. form　B. input　C. p　D. meta

22. 单击表格单元格,然后在文档窗口左下角的标签选择器中选择________标签,可以选择光标所在的单元格。
A. body　B. table　C. tr　D. td

23. 若要选择相邻的单元格,按住________键的同时,并单击要选择的单元格。
A. Ctrl　B. Shift　C. Command　D. Del

24. 一个包含三个框架的页面,涉及的文件有________个。
A. 1　B. 2　C. 3　D. 4

25. Dreamweaver 中设置对齐的操作对象是________。
A. 单字　B. 选中的文本
C. 段落　D. 一段文字中的一行文字

26. CSS 样式面板的"应用样式"视图下只显示下列________样式。
A. 自定义　B. 重定义 HTML 标签
C. 组合标签　D. 包括以上三种

27. 在层属性检查器中,如果层内容超出层的范围时,不显示超出的内容,在"溢出"下拉列表框中应设置的选项是________。
A. visible　B. hidden　C. scroll　D. auto

28. 下列代码不属于"动态网页"的范畴是________。
A. JavaScript　B. ASP　C. PHP　D. CGI

29. 文档的头部信息不包括________。
A. meta　B. Script　C. PHP　D. name

30. 下列路径中________是站点根目录相对路径。
A. /products/catalog. html　B. ../../catalog. html
C. support/contents. html　D. http://www. 143. com/index. html

二、填空题

1. 在 Dreamweaver 中,"文档"窗口可以设置为设计、________、________三种视图。
2. 在 Dreamweaver 中,使用________面板可以管理本地和远程的文件夹。
3. "模板"最强大的用途之一在于________。
4. 可视化向导包括________、________和跟踪图像。
5. 在________视图下不能启用或禁用布局视图。

6. 间隔图像由一个________图像组成，向外伸展到指定像素数的宽度。

7. ________提供将一个浏览器窗口划分为多个区域、每个区域都可以显示不同HTML文档的方法。

8. 在“设计”视图中，按住________键的同时单击框架内部可以选择此框架。

9. 设置链接的________属性，可以在指定窗口或框架中打开链接的内容。

10. ________样式具有自动更新的优点。

11. 样式的应用等级是不相同的，________样式优先于________样式优先于________样式。

12. “CSS样式”面板在________模式下，显示三个窗格：“所选内容的摘要”窗格、“规则”窗格、“属性”窗格，在________模式下，显示两个窗格：“所有规则”窗格和“属性”窗格。

13. 在网页文档中通常可以插入的声音格式文件有________、.WAV、________、.RM、.AIF 等5种。

14. 链接路径包括________、________和站点根目录相对路径的三种类型。

15. 在图像地图中，可以创建________、椭圆和________三种不同形状的图形热点。

16. 定义“层”的代码可以位于HTML文件正文中的________位置。

17. 行为是由________和________两部分组成。

18. 在网页中使用________元素可以从用户收集信息，然后将这些信息提交给服务器进行处理。

19. Dreamweaver 模板的文件扩展名是________。

20. 在 Dreamweaver 中，使用________面板可以查看站点结构。

三、简答题

1. 网站制作的基本流程是什么？各个阶段需要哪些工作？

2. 在页面中使用框架有什么优点和缺点？

3. 简述创建CSS样式表文件和链接CSS样式表文件的操作步骤。

四、操作题

1. 创建一个空白文档，在文档中插入一个单独跳转菜单，其中包含“新浪”“网易”“搜狐”“百度”等几个网站的链接。

2. 制作一个名字为“我的站点”的网站，建立CSS样式表文件，将CSS样式表链接到网站中。在网页中插入meta信息，描述网页内容是“我的个人网站”。在网页中插入自己的版权信息，包括电子邮件超链接，插入保存文档的日期。在文档中插入Flash按钮。为< body >标签的onload事件添加动作，动作内容是弹出提示框“欢迎光临我的个人网站!”。要求网站具有一定的主题，网站的整体简洁美观漂亮。

第4章　计算机网络

实验1　共享文件夹和TCP/IP

一、实验目的

(1) 掌握共享文件夹的设置和访问；
(2) 配置 TCP/IP；
(3) 测试 Windows 7 操作系统下 TCP/IP 的工作状况。

二、实验内容及步骤

1. 设置共享文件夹

(1) 在桌面上空白位置右击，在弹出的快捷菜单中选择"新建"|"文件夹"命令，在桌面上建立一个新文件夹，以本人学号给文件夹命名。

(2) 右击该文件夹，在弹出的快捷菜单中选择"属性"，弹出如图 4-1 所示对话框。

(3) 单击"高级共享"按钮，打开如图 4-2 所示对话框，勾选"共享此文件夹"项，然后单击"权限"按钮，打开如图 4-3 所示权限对话框。

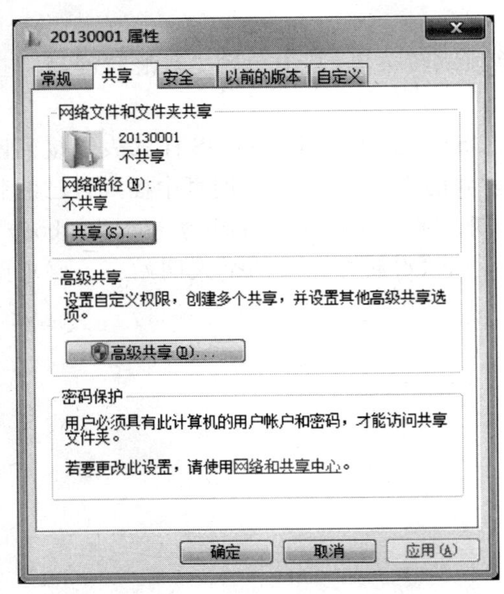

图 4-1　文件夹属性

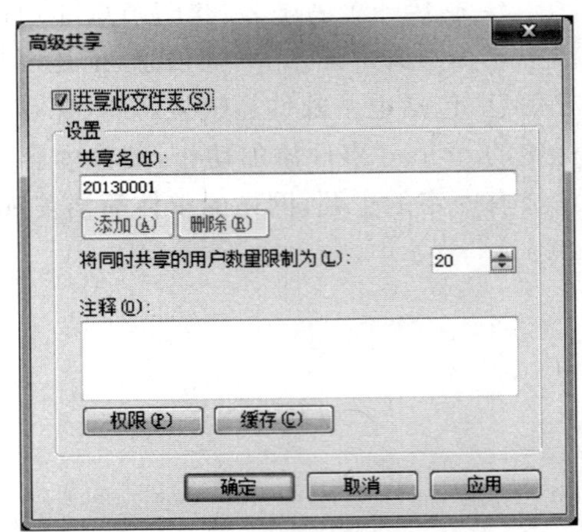

图 4-2　"高级共享"对话框

(4) 在权限对话框中勾选共享权限,例如“完全控制”,然后单击“确定”按钮,即可完成共享设置。

2. 访问共享文件夹

(1) 在桌面上双击“网络”图标,打开如图4-4所示的窗口。

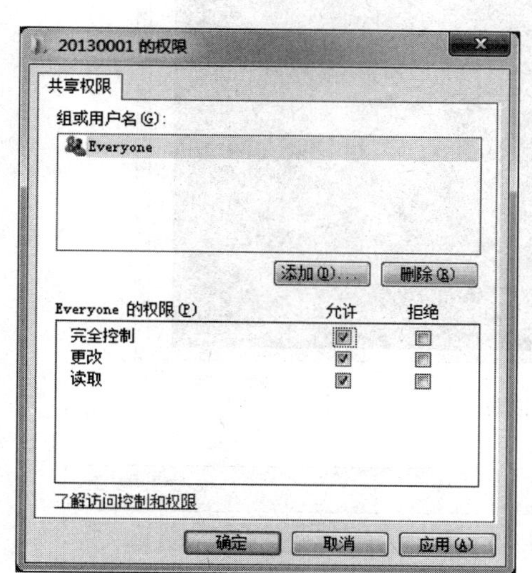

图4-3 文件夹权限设置对话框

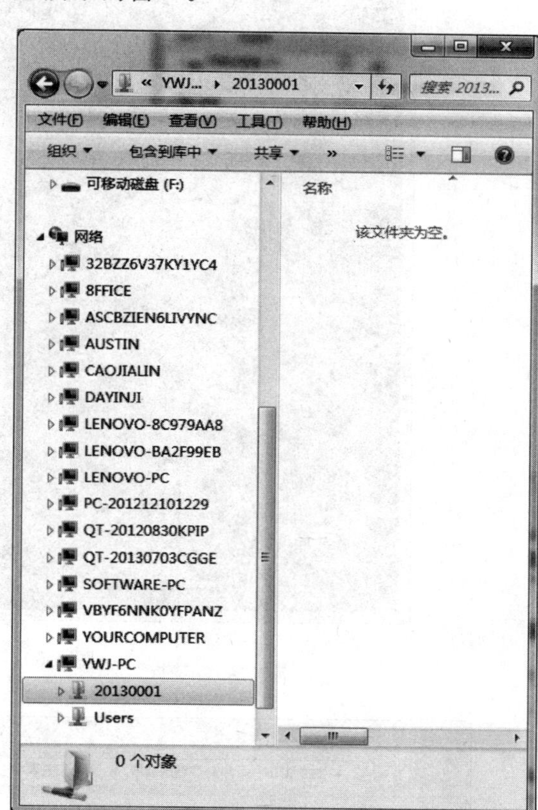

图4-4 网上邻居窗口

(2) 在其中选择一台计算机,单击进入,查看一下其中的共享资源。

3. 查看 Windows 7 下的 TCP/IP 参数

选择“开始”|“程序”|“附件”|“命令提示符”命令,在“命令提示符”窗口中输入命令“ipconfig/all”,出现如图4-5所示窗口,显示主机名、物理地址、IP地址、子网掩码、默认网关地址、DNS服务器地址等信息。

4. 配置 TCP/IP

(1) 在桌面上选中“网络”图标,右击,在弹出的快捷菜单中选择“属性”,打开“网络连接”窗口(或选择菜单“开始”|“控制面板”,在控制面板中选择“网络和共享中心”),如图4-6所示,单击“本地连接”,打开“本地连接 状态”对话框,如图4-7所示,单击“属性”按钮,打开“本地连接 属性”对话框,如图4-8所示。

图 4-5 网络配置信息

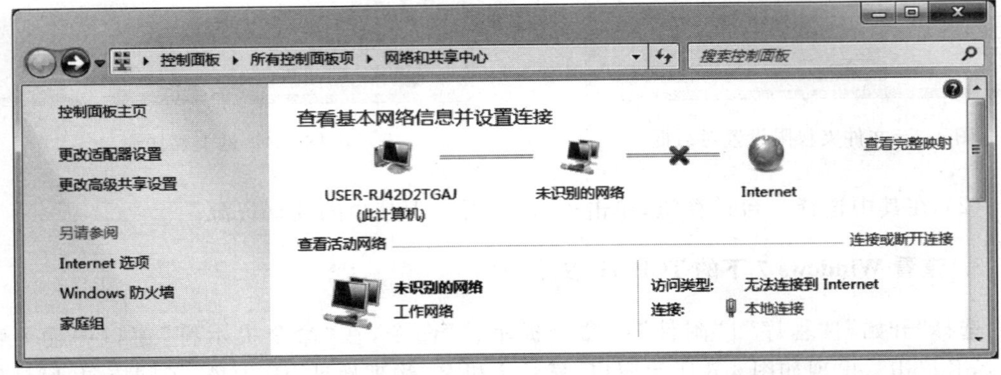

图 4-6 网络连接窗口

(2) 在如图 4-8 所示对话框中选择“Internet 协议版本 4(TCP/IPv4)”,单击“属性”按钮,出现如图 4-9 所示。

(3) 如果所在网络有 DHCP 服务器的话,可以选择“自动获得 IP 地址”,向 DHCP 服务器请求一个动态的临时 IP 地址;否则,要手动进行设置,选择“使用下面的 IP 地址”,在“IP 地址”和“子网掩码”处输入已分配好的 IP 地址和子网掩码,在“默认网关”处输入指定的网关地址,在“首选 DNS 服务器”处输入 DNS 服务器的 IP 地址。

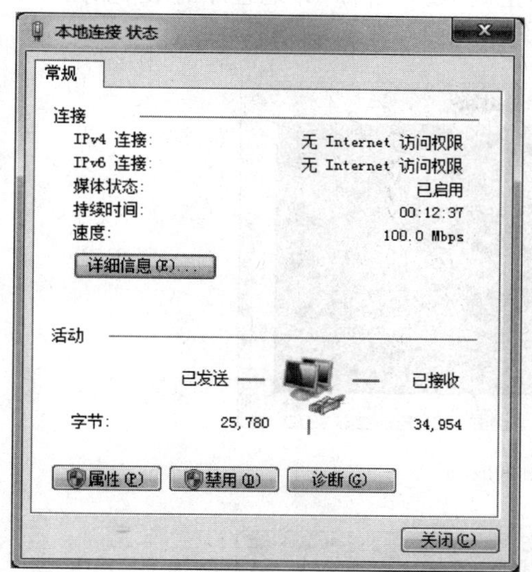

图 4-7 “本地连接 状态”对话框

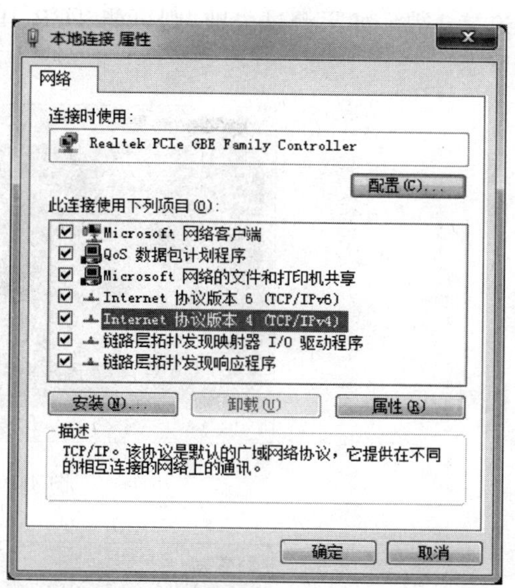

图 4-8 “本地连接 属性”对话框

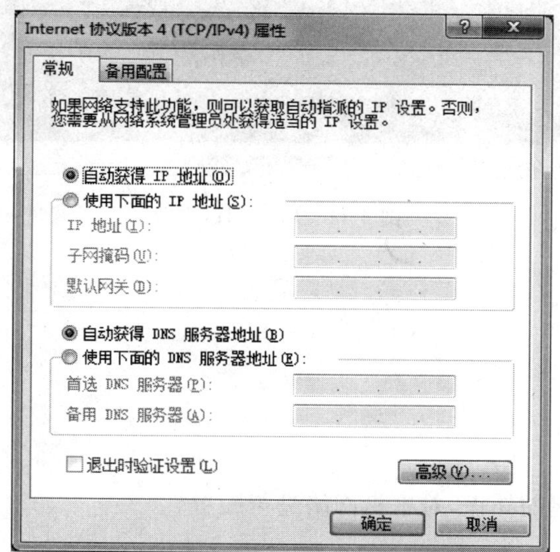

图 4-9 TCP/IP 属性设置

(4) 单击“确定”按钮完成 TCP/IP 的配置。

5. 测试 Windows 7 下的 TCP/IP 的工作状况

(1) 在“命令提示符”窗口中输入“ping 127.0.0.1”(127.0.0.1 为本机 IP 地址)，可以检查本机的 TCP/IP 服务及网卡设备是否正常运行。如图 4-10 所示，该机的 TCP/IP 服务及网卡设备正常运行。

(2) 输入命令“ping (本子网中其他主机的 IP 地址)”，如果收到正确回应，则说明网络连接正常；如果测试失败，则可能 TCP/IP 配置不正确，或者目标 IP 地址不存在，如图 4-11 所示。

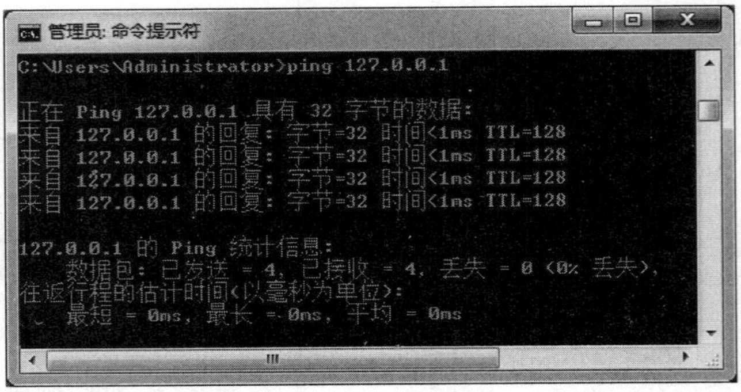

```
管理员: 命令提示符
C:\Users\Administrator>ping 127.0.0.1

正在 Ping 127.0.0.1 具有 32 字节的数据:
来自 127.0.0.1 的回复: 字节=32 时间<1ms TTL=128
来自 127.0.0.1 的回复: 字节=32 时间<1ms TTL=128
来自 127.0.0.1 的回复: 字节=32 时间<1ms TTL=128
来自 127.0.0.1 的回复: 字节=32 时间<1ms TTL=128

127.0.0.1 的 Ping 统计信息:
    数据包: 已发送 = 4, 已接收 = 4, 丢失 = 0 (0% 丢失),
往返行程的估计时间(以毫秒为单位):
    最短 = 0ms, 最长 = 0ms, 平均 = 0ms
```

图 4-10　Ping 测试成功

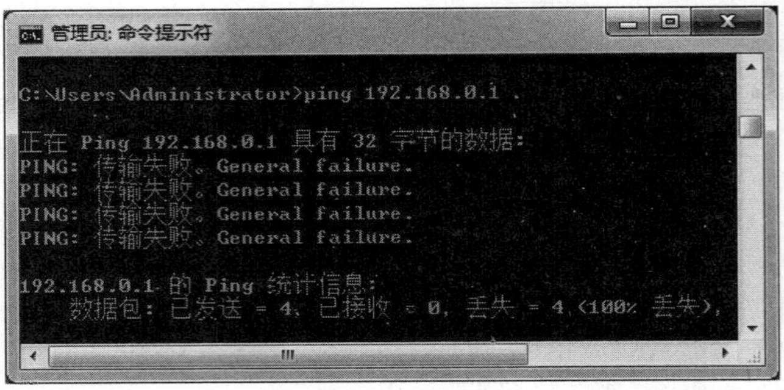

```
管理员: 命令提示符

C:\Users\Administrator>ping 192.168.0.1

正在 Ping 192.168.0.1 具有 32 字节的数据:
PING: 传输失败。General failure.
PING: 传输失败。General failure.
PING: 传输失败。General failure.
PING: 传输失败。General failure.

192.168.0.1 的 Ping 统计信息:
    数据包: 已发送 = 4, 已接收 = 0, 丢失 = 4 (100% 丢失),
```

图 4-11　Ping 测试失败

实验 2　综合实验

一、实验目的

综合应用前面掌握的知识，对本机网络进行配置。

二、实验内容

(1) 建立一个新文件夹，以自己的学号命名，并在文件夹中保存若干文件。

(2) 将该文件夹设置为共享。

(3) 打开网络，查看网络中所有计算机，选中一台计算机(也可以选择本机)，查看该机的共享文件，并将共享文件复制到本机。

(4) 查看本机的 TCP/IP 配置信息，修改这些配置(建议在老师指导下修改)。

(5) 用 ipconfig 命令查看本机及相邻计算机的 IP 地址。

(6) 用 ping 命令测试本机的网络配置是否有效，和相邻计算机是否连通。

图书资源支持

感谢您一直以来对清华版图书的支持和爱护。为了配合本书的使用，本书提供配套的资源，有需求的读者请扫描下方的“书圈”微信公众号二维码，在图书专区下载，也可以拨打电话或发送电子邮件咨询。

如果您在使用本书的过程中遇到了什么问题，或者有相关图书出版计划，也请您发邮件告诉我们，以便我们更好地为您服务。

我们的联系方式：

地　　址：北京海淀区双清路学研大厦 A 座 707

邮　　编：100084

电　　话：010－62770175－4604

资源下载：http://www.tup.com.cn

电子邮件：weijj@tup.tsinghua.edu.cn

QQ：883604（请写明您的单位和姓名）

资源下载、样书申请

书圈

用微信扫一扫右边的二维码，即可关注清华大学出版社公众号“书圈”。